国家旅游局规划项目

项目编号：14TABG021

酒店企业创新的影响因素及效应分析

宋慧林　著

南开大学出版社

天　津

图书在版编目(CIP)数据

酒店企业创新的影响因素及效应分析 / 宋慧林著.
—天津：南开大学出版社，2015.4(2018.1 重印)
ISBN 978-7-310-04786-4

Ⅰ.①酒… Ⅱ.①宋… Ⅲ.①饭店－企业创新－研
究 Ⅳ.①F719.2

中国版本图书馆 CIP 数据核字(2015)第 070511 号

南开大学出版社出版发行

出版人:刘运峰

地址:天津市南开区卫津路 94 号　　　邮政编码:300071
营销部电话:(022)23508339　23500755
营销部传真:(022)23508542　　邮购部电话:(022)23502200

*

北京建宏印刷有限公司印刷
全国各地新华书店经销

*

2015 年 4 月第 1 版　　2018 年 1 月第 2 次印刷
230×170 毫米　16 开本　11.5 印张　210 千字
定价:35.00 元

如遇图书印装质量问题,请与本社营销部联系调换,电话:(022)23507125

序　言

　　20 世纪 90 年代有部电视剧很火，叫《过把瘾》，是由王志文主演的。其中有一幕戏是女主人公的一位闺蜜嫁给了意大利人，当时大家对这位金发碧眼的洋人感觉十分稀罕、羡慕。这位意大利人住在五星级酒店里，这是我第一次在电视里看到中国五星级酒店的场景：金碧辉煌的大堂、旋转楼梯、咖啡吧、穿着西装的侍者和门口精致的喷泉，这些细节成了我当时印象中星级酒店的标配。在那个年代，能出入星级酒店的大都是金发碧眼的洋人和一些达官贵人，他们是离老百姓很远的另外一个圈子的人。1999 年以后，国内旅游业快速发展，酒店业高歌猛进，发生了一系列变化。正如台球这样的运动瞬间从殿堂变为田间地头日常百姓娱乐的一项运动一样，酒店业也是这样，渐渐地，出入酒店的不再仅仅是名流绅士。当我看到越来越多的酒店顾客不是说英语而是普通话，甚至是当地方言的时候，我知道这个时代变了。

　　再后来，经济型酒店如雨后春笋般迅速崛起。印象最深的是在与酒店业界谈话时听到有人指责，说经济型酒店怎么没有门童，怎么连标配的大堂都没有？经济型酒店的经理回应说，如果你要这些标配，那我的酒店不是为您设立的。在很多人不屑的眼光中，这些没有标配的经济型酒店成功了。最近去布丁酒店调研时，有 2 个场景印象特别深，一个是酒店里的电视、音响、灯光和门禁都可以用手机智能控制，很多遥控器被顾客的一部手机取代；另一个是前台小姑娘大概 20 出头的样子，大学刚刚毕业，穿着便装在帮客人办理入住手续，头上还扎着时下流行的花苞头。说这些故事是想说酒店业变化太快了！对于星级酒店而言，传统运作模式如同春天北冰洋冰块一样慢慢消融，北极熊眼看着脚下的冰块越来越小，不创新怎么能行啊，活不下去了。

　　在这样一个极具变革的时代，那些有能力对观念、体系、模式、人力资本、运营技术进行系统变革的人们成为了颠覆整个行业的英雄，而这些创新便是熊彼特定义的破坏式创新。这些企业家更多地听从内心的声音，依靠对市场和行业的独特判断引领行业前行。所以，封闭性创新有其独特的意义和价值，但对于大多数人来说，酒店创新是一个适应环境的产物，这种边际意义上的创新也有其独特的价值。正如天热了减衣、天凉了添衣一样，酒店创新是一个应对外部环境变化的一种渐进式创新。例如，顾客需求的变化、新科技的应用等可能都是酒店创新思想的源泉，也正是通过这些外部主体的知识溢出推动酒店企业创新。这些创新虽然不是颠覆行业的壮举，但事实上在一点点推动行业的变革，而应对环境变化所做的适应性创新也是推动社会发展的重要力量，且是一种常态化的力量。

当我们对行业运行特征进行思考时，我们可以是产业现实问题的思想者，更应该是理论体系的系统建构者，是创新源泉和理论的模块化的传承者。慧林女士的这本专著是源于她对服务创新理论的浓厚兴趣，以及对行业变革和产业发展的思考，在中西学术思想融合的香港理工大学酒店及旅游业管理学院这个平台上做的系统思考。在我看来，第一，她的著作回应了变革时代背景下创新是产业发展的历史宿命，也是责任和使命。第二，有效区分了影响酒店企业创新的内部资源和外部网络资源，验证了二者之间的关系，并提出酒店业开放式创新的重要意义。第三，作为一名需要路径来成长的青年学者，她对这种大多数人容易把握的酒店企业依托外部资源的创新感同身受，并从学术理论上进行了系统论述，在理论上显示了扎实的学术功底。特别是，把我们司空见惯的问题论述得如此严谨，这正是酒店管理学科从经验走向科学的必经之路，而专著中所运用的那些看似学究、琐碎，甚至"不实用"的方法和工具正是我们与国际酒店管理研究同仁接轨、对话和交流合作的工具。第四，慧林女士 2012 年毕业以后加入了中国旅游研究院的团队，与我成为了同事。在过去将近 3 年的时间里，无论是完成国际旅游市场与合作方面的常规性课题，还是独立负责的旅游目的地国际知名度调查及评价的创新性项目，回过头来看，实际上正是按照如上逻辑在一步步成长。我们这一辈学者是基于大数据成长的，青年学者们是依托逻辑和方法的路径成长。因为成长有不足，也正是因为成长才可以看到方向和未来的希望。

是为序。

戴 斌

中国旅游研究院院长

2015 年 3 月

前　言

改革开放 30 年来，中国酒店业规模的快速增长，吸引了来自全球的目光，但规模的增长并未改善我国酒店业在世界酒店产业分工格局中的弱势地位。分析其原因，粗放式增长模式、产业创新能力等现代产业要素的缺位是中国整个酒店业竞争力水平受限和实现可持续发展的主要瓶颈。从国家宏观政策来看，包括酒店业在内的旅游业以事关国计民生的经济产业定位正式进入国家战略体系，并将旅游业的发展作为推动国家经济结构调整和促进发展方向转变的重要措施，把旅游业作为促进我国区域协调发展的重要举措。在这样的制度背景下，我们应该如何通过酒店创新实现酒店业的理性发展成为一个突出的问题。同时，在过去的 10 年，对包括酒店业在内的整个旅游业影响最为深远的莫过于信息技术所带来的酒店商业模式的变革和酒店业态的创新。

在这样的背景下，酒店创新逐渐成为各国旅游学者广泛关注的研究主题。然而，酒店创新还属于一个新兴的研究领域，理论方面的研究比较零散，没有形成系统的理论体系。目前的研究大多数只是从酒店企业创新的影响因素识别、技术（尤其是信息通讯技术）对酒店创新的影响等方面展开。很少有学者从酒店企业层面研究酒店创新的内涵特征、各因素如何影响酒店企业实现创新等方面进行深入研究，因而针对实践中如何促进酒店企业实现创新、酒店创新对酒店企业绩效存在怎样的影响等问题，尚无法从现有文献中找到满意的解答。理论和实践方面亟待建立酒店企业创新的理论体系与酒店创新管理模式，以完善酒店创新理论并对酒店业实践进行指导。因而，基于这样的研究背景和研究目的，本书在相关文献阅读和酒店企业实地调研基础上，提出了三个基本的研究问题：（1）酒店创新的内涵及影响酒店企业实现创新的因素有哪些；（2）这些因素如何作用于酒店创新；（3）酒店创新对酒店企业存在怎样的效应。

在研究逻辑上，以服务创新理论和旅游创新研究为基础，通过文献回顾从理论上提炼出影响酒店企业创新的关键因素，并通过对中国本土酒店企业进行实地调研，运用质性研究方法对调研获得的资料进行编码，初步提炼出符合中国本土酒店企业意志的酒店企业创新影响因素及效应的初始概念模型。以此为基础并结合已有的研究成果，本书对初始概念模型进行细化，构建酒店创新的影响因素及效应的理论模型，并提出相应的假设；通过大样本的问卷调查对所提出的理论假设进行实证研究；最后，根据实证检验的结果探讨我国酒店企业创新的相应管理建议。

本书的主要研究结论包括以下几方面：第一，酒店外部知识源与酒店内部资源对酒店创新均有正向的影响，且外部知识源对酒店创新的总效应更大；第二，吸收能力在酒店外部知识源影响酒店创新的过程中起部分中介作用；第三，酒店内部资源是酒店吸收能力形成的基础，且对酒店通过吸收能力利用外部知识源的过程起部分中介作用；第四，酒店创新对酒店绩效起非常显著的促进作用。

围绕"酒店外部知识源—酒店内部资源—酒店吸收能力—酒店创新—酒店绩效"这一理论分析框架，本研究在以下四方面进行尝试性的创新性研究。

1. 详细剖析酒店创新概念的内涵，参考现有文献归纳酒店创新测量量表，并通过探索性因子分析和验证性因子分析，验证并获得包含 11 个题项的符合中国本土酒店企业意志的酒店创新测量量表。研究表明，酒店创新包括酒店产品/服务创新、酒店过程创新、酒店组织创新和酒店市场创新四个维度。

2. 首次明确地识别出酒店外部知识源是酒店创新的重要影响因素之一。通过质性研究和大样本的实证研究得出，酒店吸收能力在酒店外部知识源与酒店创新之间起显著的部分不中介作用，从而揭示外部知识源影响酒店创新的路径和内在机制，为研究酒店企业创新活动的本质过程提供新的视角，并为创建针对酒店企业创新特征的创新激励机制提供系统的理论和方法支持，比以往研究更合理地解释"酒店企业内部没有研发部门"与"酒店企业创新"之间的矛盾问题。

3. 提出酒店创新对酒店绩效的影响作用研究。本研究得出，酒店创新对酒店绩效存在非常显著的积极影响，从而指出创新是酒店企业提高绩效的必然选择。

4. 构建包含酒店外部知识源、酒店内部资源、酒店吸收能力、酒店绩效和酒店创新五大关键变量的酒店企业创新影响因素及效应的概念模型，并进行实证检验，从而构建遵循"资源—能力—绩效"逻辑的酒店企业创新影响因素及效应的分析框架。突破酒店创新研究领域里对酒店创新影响因素的逐一识别的研究局限，从理论上初步探索酒店企业进行创新的一般性规律和对酒店创新进行研究的分析框架，使创建适合酒店企业特色的创新管理方法成为可能。

本书是以我的博士论文为雏形，结合 2012 年进入中国旅游研究院工作后的产业实践体会修改而成。希望通过本书的出版，为开放式创新背景下酒店企业制定创新策略以提升创新能力提供决策参考，为政府主管部门制定有利于酒店创新的政策提供理论依据。

目　录

第 1 章 绪 论

1.1 研究背景

1.1.1 现实背景

1.1.1.1 制度背景

近年来，包括酒店在内的旅游业以事关国计民生的经济产业定位正式进入国家战略体系。2001 年国务院召开了全国旅游业发展工作会议，出台了《国务院关于进一步加快旅游业发展的通知》（国发〔2001〕9 号）；2009 年国务院召开常务会议进一步研究国际金融危机背景下加快旅游业发展问题，出台了《国务院关于加快发展旅游业的意见》（国发〔2009〕41 号），提出要把旅游业培育成国民经济战略性支柱产业和人民群众更加满意的现代服务业。此外，把旅游业的发展纳入了社会发展和国民经济的五年规划。由于旅游业是资源消耗低、就业机会多、带动系数大、综合效益好的战略性产业，"十二五"规划纲要把旅游业确定为服务业发展的重点产业，将旅游业的发展作为推动国家经济结构调整和促进发展方向转变的重要措施，并把旅游业作为促进我国区域协调发展的重要举措。这是解读和研究中国酒店业现状和今后发展方向的最重要的制度因素（戴斌，2010）。

1.1.1.2 市场需求层面

中国旅游业经过三十多年的发展，已经进入大众旅游的初级阶段（戴斌，2008）。1979 年国家决定发展旅游，主导思想是通过旅游业的发展实现创汇目标，因此当时的旅游业整个接待体系是面向入境旅游市场的高等级酒店设施。随着 1999 年"黄金周"制度的实施，旅游已日渐成为中国老百姓大众日常生活、工作中的一种常态（刘思敏，2010）。2011 年国内旅游人数达 26.4 亿人次，比上年增长 13.2%；国内旅游收入 1.93 万亿元，比上年增长 23.6%，数据表明普通民众已成为旅游人群的主体（戴斌，2010），但是我国旅游者年均旅游消费不足千元，因此，现阶段中国酒店业面对的是一个基础较大、增长平稳、需求价格弹性较大、变化多样、消费能力不高的国内旅游市场。然而，中国现阶段的酒店供给结构不完善，全国大部分地区的中高端酒店供应总量存在结构性剩余，而真正能满足国民大众旅游需求的低价位酒店供应尚未得到充分发展。在这样的市场环境下，我们应该如何通过创新实现酒店业的规模经济和可持续发展成为关键。此外，顾客需求层次多样化、个性化趋势日益显著，这就要求酒店企业通过创新在更深层次上满足消费者的需求。

1.1.1.3　市场供给层面

改革开放三十多年来，中国酒店业规模的快速增长，吸引了来自全球的目光，但规模的增长并未改善我国酒店业在世界酒店产业分工格局中的弱势地位。分析其原因，中国酒店业呈现的是一种依靠低水平的劳动力投入、大规模的固定资产投入的高投入—低产出的粗放式增长模式（左冰、保继刚，2008）。增长方式的落后势必带来市场竞争力水平的低下，根据《2011年世界经济论坛旅游竞争力报告》，包括酒店业在内的中国旅游业国际竞争力水平落后，产业创新能力、人力资本等现代产业要素的缺位是中国整个旅游业竞争力水平受限的主要瓶颈[①]。在上述背景下，我们应该如何实现酒店业的理性发展，实现酒店产业的内涵式发展成为一个突出的问题。

此外，在过去的十年，对包括酒店企业在内的旅游业影响最为深远的莫过于信息技术所引起的旅游商业模式的变革和旅游业态的创新。当我们还在为互联网所引起的旅游消费模式的转变欢呼雀跃的时候，智能手机已经登上历史舞台，成为影响未来旅游业发展方向的又一大技术支撑力量。面对这样的冲击，我们应该如何从酒店企业创新的一般规律出发，从理论上引导酒店企业创新实践的发展是时代赋予当代旅游研究者的使命。

1.1.2　理论背景

酒店创新研究的主要目的是通过对酒店企业创新活动进行研究，了解酒店企业创新行为的一般规律（Sundbo et al.，2007），此类研究是运用管理学研究方法从微观层面对单个酒店企业进行研究（Coriat & Weinstein，2002）。然而，创新经济学的研究范式强调企业间的协调与合作，以及企业外部因素（通常称为创新体系）对企业创新的影响（Coriat & Weinstein，2002）。这两种研究范式对酒店企业创新活动的研究是彼此联系的（Sundbo et al.，2007），因此，颂波等

---

① 根据《2011年世界经济论坛旅游竞争力报告》，中国排名39位，在竞争力评价的各要素中技术革新、人力资本等现代产业要素的得分较低。

（Sundbo et al., 2007）将包括酒店企业的整个旅游业创新这一研究对象放置在创新研究的一般性理论框架下展开研究，从更加普遍、广泛的角度对旅游创新研究结果进行解释，这样更有利于我们根据研究结果提出相应的创新管理建议和制定相关政策。

酒店创新研究均基于一个基本假设："酒店业属于旅游业中的一个部门，旅游业属于服务产业，因此，服务创新的理论模型和研究方法适用于旅游企业创新研究，也同样适用于酒店创新研究。"因此，现有的关于酒店创新的研究主要是在服务创新理论模型及其相关论据、争议的基础上，来构建酒店企业创新研究的理论框架。学者们在对酒店企业创新活动进行阐释和研究过程中，力求选择最为恰当的研究范式（所谓的恰当是指最适用于解释酒店企业创新活动的研究范式）。学者们主要根据现有的对酒店创新进行的实证研究结果和服务创新的一般性理论，来选择较为恰当的研究范式，进而提炼出酒店企业创新行为的分析框架。现有的对酒店企业创新的研究范式主要包括"技术—服务—整合"研究范式和"组织—管理—创新体系"研究范式。

在熊彼特的研究体系下，服务创新研究经历了从"技术主义"到"服务导向"再到"整合研究"的三个阶段，分别强调制造业和服务业创新的相似性、差异性和整合性，也有学者将其称为"熊彼特主义"（沈占波等，2009）。从"技术—服务—整合"研究范式的视角来看，酒店创新的大部分研究采用整合的研究方法，即认为酒店企业创新既包括服务行为上的创新，也包括技术创新（Sundbo et al., 2007）。在酒店创新活动中，有些是非技术性的，如组织结构/文化的改变、个人社会行为的改变等；而有些是纯粹技术性的，如酒店在线预订系统、酒店自助入住系统等；另外一类是基于技术的创新，这类创新活动既包括非技术的成分改变，也包括技术的改进或引用，如在信息通讯技术支持下酒店企业与客户关系的变革等（Sundbo et al., 2007）。

从"组织—管理—创新体系"研究范式的视角来看，最为经典的当属颂波等（Sundbo & Gallouj, 2000）的研究方法，国外已有学者运用该研究方法对旅游业（包括酒店企业）进行研究（Hjalager A., 2000, 2002; Sørensen, 2004; Mattsson et al., 2006），这些研究认为包括酒店企业的整个旅游业不存在创新体系。因为酒店创新的影响因素不同于制造业创新，原因在于服务创新的易模仿性（Sundbo, 1998; Boden & Miles, 1999），技术的复杂性决定了有技术含量的创新是难以模仿的，而很多服务创新并没有包含先进的技术在其中，因此易于模仿。旅游企业很难将其创新活动进行保密，更难以将创新成果申请专利保护（Poon, 1993），而旅游创新行为的这种易模仿性削弱了旅游企业进行合作形成创新网络的动机。然而也有学者提出，从旅游目的地层面来看，旅游企业（包括酒店企业）需要彼此合作形成创新体系（Sundbo et al.,2007），但是，许多经验研究表明此类创新体系并不存在（Hjalager A. M.，2002；Sørensen，2004；Mattsson et al.，2006）。卡伦等（Callon et al., 1992）提出的技术—经济网络模型可用来分析旅游企业（包括酒店企业）创新模型中的一些因素，如旅游企业创新的市场导向等，但该模型并不完全适用于旅游业创新，因为服务性企业，特别是旅游企业（Hjalager A. M.，2002）很少从事研发活动或与外部研发机构联系（Sundbo, 1998；Boden & Miles，1999；Howells，2006）。因此，帕维特等（Pavitt，1984；Miozzo & Soete，2001）提出的强调技术创新的理论模型也只能涵盖影响旅游创新活动的部分因素。有很多学者对一般性的服务创新和旅游创新进行了研究，对具体的创新行为给出了案例并对创新体系进行了描述（Sundbo, 1998；Haukness, 1998；Howelles & Tether，2004；Hjalager A.，2000；Mattsson et al., 2006；Orfila-Sintes et al., 2005）。这些研究表明旅游创新并非仅仅是技术层面的创新，它有很多表现形式，很难单纯地将其划分为帕维特（Pavitt，1984）所提出的创新分类的哪一类。颂波和加卢（Sundbo & Gallouj，2000）提出了一个更为开放的创新体系模型（即服务创新驱动力模型），尽管有学者提出服务创新体系非常薄弱，但该模型认为服务企业的创新依然受外部因素的影响，并将这些外部因素划分为行为者（Callon et al., 1992）和轨道（Dosi, 1982）两大类。这一系列行为者和轨道对服务创新过程产生影响，但它们彼此间的关系是相对松散的，很难将其定义为"创新体系"。颂波和加卢（Sundbo & Gallouj，2000）提出的服务创新驱动力模型更适合对旅游企业创新活动的分析（Sundbo et al., 2007）。

除此之外，还有其他一些因素对酒店创新存在影响。酒店企业的劳动力技能水平较低（Jensen et al., 2001），且员工流动率较高（Hjalager A. M.，2002），这些因素对酒店企业吸收外部信息（如研发成果、关于先进技术的知识等）的能力构成威胁，而只有那些拥有较高人力资本的大型酒店企业可以从外部吸收知识，以促进企业创新。颂波（Sundbo et al., 2007）认为只有这些拥有高素质人力资源的大型酒店企业才有能力开展更为复杂、先进的创新活动。虽然中小型酒店企业可能与外部环境中的创新主体存在联系，但鉴于这些企业更倾向于对现有知识和信息进行严格保密以防止竞争者模仿，因此很难从外部获得有利于创新的知识。

1.2　问题的提出

如前文所述，创新不仅是当代酒店业态发展的主导趋势，更是符合国家产业发展政策的、为老百姓福祉带来积极效应的酒店业走内涵式发展道路的必要条件。人们对酒店创新实践尺度的认知尚未达成共识。例如，很多企业将信息技术在酒店企业的应用当作酒店创新的唯一途径，认为酒店创新无外乎是严格技术性的、围绕技术所做的一系列商业行为；有些企业却认为酒店是资本和劳动密集型的剩余部门，不存在任何创新可言。由此可见，从酒店创新的一般规律出发，我们有必要通过对酒店创新进行研究，从理论上引导酒店产业创新实践的发展。因此，酒店创新具体包括哪些维度、影响酒店企业创新的因素主要有哪些、这些因素是如何影响酒店企业实现创新的、酒店创新对酒店企业的整体绩效会产生怎样的影响等问题成为酒店企业和政府主管部门在酒店创新管理中亟待解决的关键问题。

事实上，尽管政府主管部门、酒店业界已经认识到创新对酒店业转型的重要性，但酒店创新研究刚刚起步，还存在着争议甚至重大分歧。例如，什么是酒店创新，包括哪些举措和行为；酒店创新与一般创新在创新模式、影响因素和作用机制等方面有什么不同；酒店创新与酒店企业竞争力关系到底如何，等等。

现有文献尚且没有对酒店创新行为和酒店绩效的关系问题进行研究，而对酒店企业创新影响因素的研究结论却迥然不同。究其原因，主要是忽视了基于酒店创新本质以绩效为终点的酒店企业创新的机理研究。综上所述，本研究试图回答如下三个问题：

1. 酒店创新的内涵包括哪些？

2. 酒店企业实现创新的影响因素有哪些？这些因素是如何影响酒店企业实现创新的？

3. 酒店创新对酒店企业存在哪些效应？

本研究将从酒店创新的内涵和关键影响因素入手，重点解决影响酒店创新的各因素如何影响酒店企业实现创新的问题，构建酒店企业实现创新的"资源—能力—绩效"机理模型，为企业和政府推荐酒店创新的实践与管理提供切实可行的理论框架。

1.3 相关概念界定与说明

1.3.1 酒店创新

关于酒店创新这一概念的严格定义，学术界一直存在多种观点。然而，酒店创新概念的界定是该领域研究的基点，应符合主流产业创新研究的标准和脉络，只有建立在统一概念体系基础上的研究，才能确保不同国家、不同部门、不同层次的创新研究间具有可比性（Hall C.，2009）。学者们对酒店创新概念的界定大都是将旅游创新的概念直接应用到酒店业这一旅游部门。因此，本书将通过对旅游创新概念的界定进行综述，在此基础上提炼出本研究所采用的酒店创新概念的定义。

沃罗（Volo，2005）综合了以往研究的成果，从旅游体验的视角对旅游创新的定义进行了界定，以期为旅游企业创新行为的衡量和评估提供标准。哈拉格尔（Hjalager，1997）从发明与创新的区别角度阐释了旅游创新的定义：发明是指不以任何专门的产业应用为目的的社会和技术发展，而创新是企业有目的地将某项发明在市场上实现其价值的过程。熊彼特认为，"创新"这个概念属于经济范畴而非技术范畴，是企业家将生产要素和生产条件的重新组合引入生产体系，即建立一种新的生产函数，其目的是为了获取潜在的利润，而将发明和创新联系在一起的便是企业家的能力。

传统创新理论是针对制造业技术创新的研究，旅游业作为服务业，其创新行为有别于制造业，具有一定的特殊性。玛尔塔（Marta，2003）以服务创新理论为基础，总结了旅游创新的特殊性：（1）生产和消费的同时性决定了旅游产品创新和过程创新难以区分，正是由于这个原因，旅游创新活动逐渐趋向以顾客需求为导向；（2）旅游产业在运行中蕴含着多元化的信息交互，因此信息技术（IT）在现代旅游业创新中扮演着重要角色，而这种基于信息技术的旅游创新成果易于模仿，且很多不受专利法保护，由旅游创新中普遍存在的"搭便车"现象所引致的创新风险较高，无疑挫伤了旅游企业的创新热情；（3）旅游产业从业人员在组织机构运行和服务产品传递过程中起着重要作用，人力资本是旅游创新的关键要素；（4）旅游企业组织创新不仅是旅游创新的重要表现形式，还是诸多创新行为的激励因素之一。

在总结已有文献的基础上，本书认为酒店创新是指发生在酒店企业中的一切创新行为与活动。值得指出的是，本研究所谓的创新活动是指对酒店企业而言是新的，并非是对整个社会、产业而言是新的。酒店创新概念包含以下几个要素，如见表 1-1 所示。

表 1-1 酒店创新概念所包含的要素

要素	界定
无形性	酒店创新是一种概念性和过程性的活动，其结果是一种无形的概念、过程或标准
新颖度范围	酒店创新的新颖度范围较广，"创新谱"较宽，从根本性的重大变化到渐进性的小变化，甚至是偶然性的、随机的现象
形式多样性	酒店创新具有多重维度，技术只是其中一重维度，非技术形式的创新在酒店业中更为重要
顾客导向性	酒店创新更多以顾客需求为导向，需求更多是一种需求推动现象，顾客作为"合作生产者"积极参与创新过程
适用范围	酒店创新具有较强的企业专有性和一定的产业扩散性，一方面可模仿性较强，进入障碍低；另一方面某些属于特定创新，具有不可模仿性

1.3.2 酒店外部知识源

创新是一个复杂的过程，企业创新包括各种复杂的环节，其中最为重要的环节就是收集并整理各种创造性想法或创新信息（Michael & David，2004；王志玮，2010）。企业创新所需要的这些信息和知识一部分来自组织内部的创新部门，如研发部门等；一部分来自企业外部，如企业的客户、供应商、经销商或其他渠道，这些为企业创新提供信息和知识的主体就是企业的"知识源"（王志玮，2010）。

酒店外部知识源是为酒店企业创新提供知识和信息的主体，包括酒店企业上游供应商或下游经销商及用户、酒店产品/服务的互补品制造商、横向竞争者、科研院所、高等院校、政府机构以及其他相关的信息来源主体。

1.3.3 酒店吸收能力

酒店吸收能力是企业利用外部知识的一种能力，利用外部知识的过程主要包括：（1）识别与理解公司外部新知识的潜在价值；（2）消化吸收有价值的新知识；（3）运用已消化吸收的知识创造出新知识并获得商业化成果（Cohen & Levinthal，1990；Zahra & George，2002）。

1.3.4   酒店内部资源

资源是指企业所拥有的或企业所控制的可利用因素的存量（stock）（Amit & Schoemaker，1991），格兰特（Grant，1991）将企业资源分为有形资源、无形资源和人力资源。总体而言，资源是企业经济租金和竞争优势形成的基础，是企业运作流程的输入和输出，是从静态的视角审视企业所拥有或控制的因素。因此，酒店内部资源是指酒店企业所拥有的企业内部的可控制和可利用因素的存量，不仅包括客房等有形资源，还包括人力资源和组织结构等无形资源。

1.3.5   酒店绩效

酒店绩效是指酒店企业在一段时期内经营者所体现的业绩和企业所取得的经济效应的客观反映。酒店绩效主要反映在通过现金流量、销售总额、净利润、市场份额和销售增长率等方面（Gupta & Govindarajan，1989）。

1.4   本研究的逻辑框架、技术路线与研究方法

1.4.1   逻辑框架和技术路线

本书以酒店创新为研究对象，从中国酒店企业创新实践的经验出发，以创新经济学和服务创新理论为基础，围绕"酒店企业如何实现创新"和"酒店创新对酒店企业的效应"两个核心问题，逐层剖析酒店企业创新的维度，各因素如何作用于酒店创新和酒店企业创新对酒店绩效的关系。整体结构按照提出问题、分析问题和解决问题的思路组织。本书的逻辑框架和拟采用技术路线，如图 1-1 所示。

第一，针对我国酒店企业创新现状问题，从酒店企业竞争优势和可持续发展的重要性，以及现有理论的不足等现实背景出发，提出研究问题。

第二，从中国酒店企业的创新实践出发，通过对中国本土酒店企业进行实地调研，运用基于扎根理论的质性研究方法对调研过程中所获得的资料进行编码，经过开放式编码、主轴编码和选择编码，初步提炼出影响酒店企业创新的酒店外部知识源和酒店内部资源两大关键因素，并识别出酒店吸收能力在酒店创新中的中介作用，以及酒店创新对酒店绩效的积极作用，从产业界经验出发，初步探寻酒店企业创新实现机理及其作用机制。

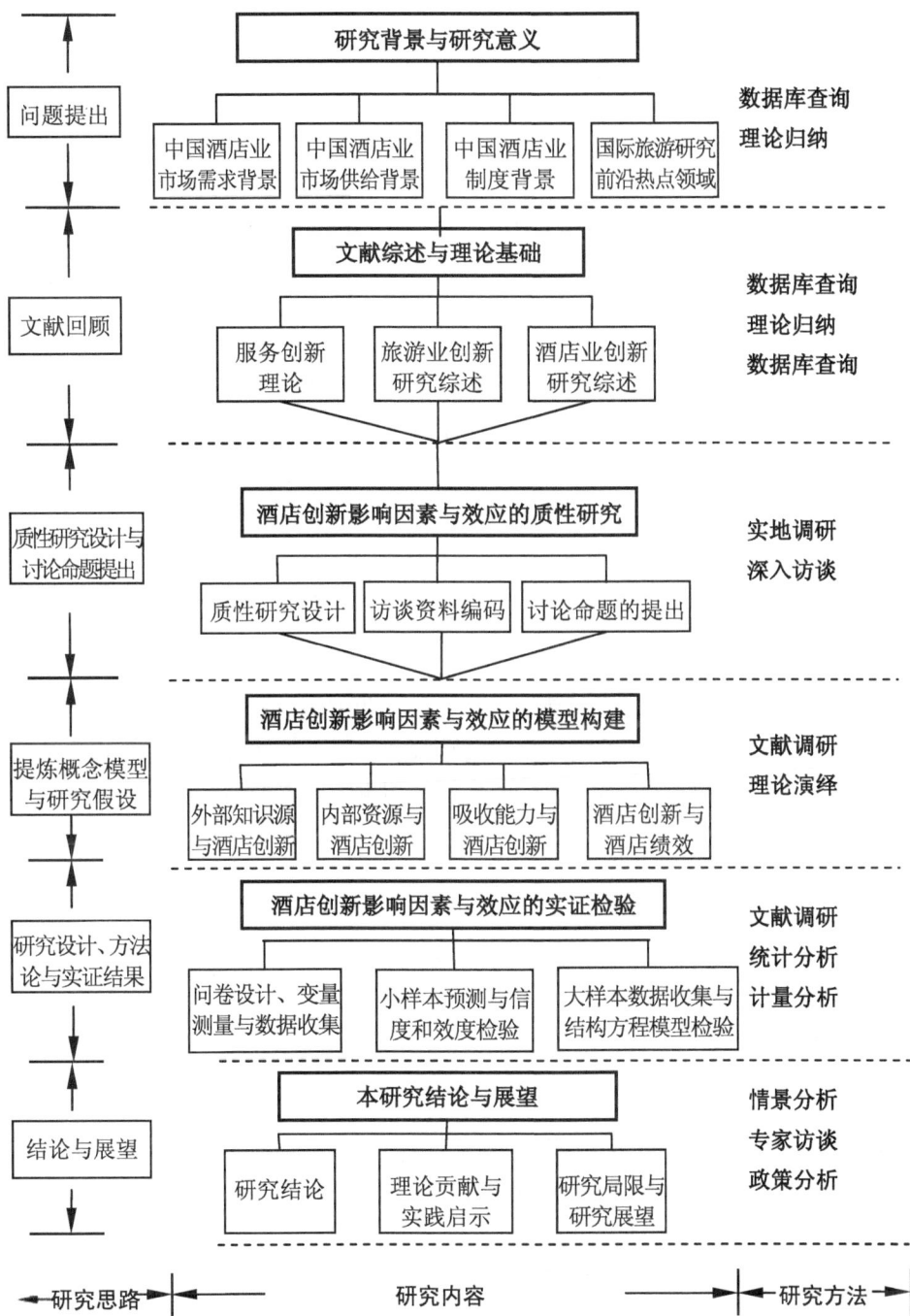

图 1-1 本研究的逻辑框架和技术路线图

第三，以创新经济学和服务创新理论为基础，展开理论探讨，分别从"企业资源观"视角和"企业外部网络"视角分析了酒店内部资源和酒店外部知识源对酒店创新的影响机制，此外，深入剖析了吸收能力在酒店企业创新过程中所起的中介作用，并从企业创新绩效的角度分析了酒店创新对酒店企业绩效的影响，从而构建了由酒店外部知识源、酒店吸收能力、酒店内部资源、酒店创新和酒店绩效五个核心变量组成的酒店创新影响因素与效应的概念模型，并提出严格的研究假设。

第四，根据所提出的概念模型和理论假设，通过大样本的数据调研，对酒店外部知识源、酒店内部资源、酒店吸收能力、酒店创新和酒店绩效之间关系的概念模型和研究假设进行了实证研究，逐步论证所要解决的问题。

第五，得出本书的结论，并为酒店企业创新管理实践提出了相应的指导建议，并在篇末对未来的研究方向进行展望。

1.4.2　主要研究方法

本书将采用定性研究与定量研究相结合、理论研究与实证研究相结合、文献研究与实地调研相结合的方法对酒店创新影响因素及其作用机制进行研究。所采用的研究方法如下：

1. 文献研究。通过文献检索、分类、阅读和归纳，梳理国内外关于服务创新、旅游创新、外部知识网络、企业资源观理论、吸收能力、创新绩效等领域研究的发展脉络与现状，基于文献研究成果初步形成本书的理论基础。

2. 质性研究。在文献研究基础上，通过对中国本土酒店企业的创新实践进行实地调研，运用基于扎根理论的质性研究方法对访谈资料进行编码，根据编码结果初步提出本研究的概念模型。

3. 问卷调查与统计分析。通过实地访谈、问卷调查等调研形式，获取研究所需要的足够样本数据，并利用探索性因子分析、验证性因子分析、结构方程模型等管理统计分析方法，采用 SPSS 18.0 和 AMOS 18.0 软件对概念模型及研究假设进行实证检验。

1.4.3　章节安排

根据上述逻辑框架，本书主要分为 8 章，安排如下：

第 1 章 绪论，本章介绍了研究背景，并结合我国当前旅游业发展的现状来分析酒店创新的现实背景，从而提出酒店企业创新的现状问题、加强酒店创新能力的迫切性，以及现有酒店创新理论研究的不足，提炼出研究问题。

第2章 文献综述与理论基础，综述国内外相关理论的研究现状，首先围绕服务创新理论和旅游创新研究两大主题来对酒店创新研究的理论渊源进行探讨，揭示酒店业所属的服务行业创新研究现状，以及旅游业创新研究进展，从而为酒店创新研究提供理论支撑。然后从企业层面和网络层面分别对酒店创新的研究进行归纳和总结，指出现有研究的不足以及为弥补不足而拟开展的研究。该章为本书的研究基础。

第3章 酒店创新影响因素与效应的质性研究，基于第二章文献综述所理出的切入点，对中国大连市本土酒店企业进行实地调研，对调研获得的访谈资料进行编码，从而提炼出符合中国本土酒店企业意志的酒店企业创新影响因素和创新对酒店企业产生的效应的研究命题。

第4章 酒店创新影响因素与效应的模型构建，提出酒店创新影响因素与效应的概念模型，重点探讨两组变量间的关系：（1）酒店外部知识源、酒店吸收能力、酒店创新、酒店绩效；（2）酒店内部资源、酒店吸收能力、酒店创新、酒店绩效。

第5章 研究设计与方法论，从问卷设计、变量测量、小样本预测试、探索性因子分析、大样本数据收集等几方面对本书的研究设计和方法论做了详细的阐述。

第6章 实证研究结果，通过对酒店企业的大样本问卷调查，采用结构方程模型的方法，从实证角度对第4章所提出的概念模型进行检验，得出本研究的实证检验结果。

第7章 结果分析与讨论，分别对酒店外部知识源对酒店创新的影响、酒店内部资源对酒店创新的影响、酒店外部知识源与酒店内部资源对酒店创新的影响，以及酒店创新对酒店绩效的影响等方面进行比较，对第6章实证检验的结果进行解读，进一步明确各影响因素对酒店创新的作用机制，并明晰酒店创新对酒店绩效的影响程度。

第8章 结论与展望，对本研究的主要结论和创新点进行总结，阐述本书研究的理论贡献与实践启示，分析研究中的不足及有待改进与深入探讨的方向，为后续研究提出建议。

1.5 本书的创新点

本研究主要在以下几方面进行创新性研究：

1. 本研究详细剖析了酒店创新的概念和内涵，并提出了符合中国本土酒店企业意志的酒店创新测量量表。通过文献回顾和质性研究，提出酒店创新的分类方法，指出酒店创新包括酒店产品/服务创新、酒店过程创新、酒店组织创新和酒店市场创新四个维度，并通过探索性因子分析和验证性因子分析，获得了包含 11 个题项的酒店创新测量量表。

2. 本研究首次明确地提出了酒店外部知识源是影响酒店企业实现创新的重要影响因素之一。通过质性研究和大样本的实证研究表明，酒店吸收能力在酒店外部知识源与酒店创新之间起显著的部分不中介作用，从而揭示外部知识源影响酒店创新的路径和内在机制，为研究酒店企业创新活动的本质过程提供新的视角。对酒店外部知识源这一影响酒店创新的关键因素的识别，以及对其发挥作用的机制的一系列分析，为创建针对酒店企业创新特征的创新激励机制提供了系统的理论和方法支持，并比以往研究更合理地解释了"酒店企业内部没有研发部门"与"酒店企业创新"之间矛盾的问题。

3. 本研究提出酒店创新对酒店绩效产生影响。理论分析和实证研究表明，酒店创新对酒店绩效存在非常显著的积极影响，从而指出创新是酒店企业提高绩效的必然选择。

4. 本书构建了包含酒店外部知识源、酒店内部资源、酒店吸收能力、酒店绩效和酒店创新五大关键变量的酒店企业创新影响因素与效应的模型，并进行了实证检验，从而构建了"资源—能力—绩效"的酒店企业创新影响因素及效应的分析框架。突破了酒店创新研究领域里对酒店创新影响因素逐一识别的研究局限，从理论上初步探索了酒店企业进行创新的一般性规律和对酒店创新进行研究的分析框架，使创建适合酒店企业特色的创新管理方法成为了可能。同时，模型也较好地解释了很多酒店企业进行创新实践的成功原因。

第 2 章   文献综述与理论基础

2.1   服务创新理论

2.1.1   关于服务创新存在性的争议

长期以来，多数学者都认为服务业是一个落后于制造业的"非生产性"的"剩余"部门，其生产效率、资金强度均较低，且整个服务业的专业化程度不高，创新活动很少。人们一般性地认为，服务业中的创新活动微乎其微，甚至认为服务业没有必要和能力进行创新，或仅仅是在制造业技术创新的框架范围内对服务创新的适应性进行研究。然而，这些观点是否与服务业运行真相相吻合呢？随着服务创新理论和实证研究的发展，大量的研究表明，对服务创新的研究不应该仅仅局限于技术创新的狭窄领域，而应从更加宽广的思维角度出发，在关注服务业技术创新的同时，还应将那些非常重要的非技术形式创新纳入研究框架。通过关注服务业本身的特性和生产过程来理解服务创新的特殊形式和创新模式。

有学者认为"服务业中不存在创新"，"服务创新是严格技术性和适应技术性的"。这些观点产生的根本原因在于，人们总是在制造业技术创新的分析框架内，运用技术创新研究的分析工具和方法对服务创新进行研究，势必对服务创新的理解产生"技术偏见"，制约人们对服务业创新能力和范围的理解。近些年，以信息技术为代表的现代科技在服务业中的应用非常广泛，这些技术的引入对服务业的生产率、组织结构、市场状况等产生了重大影响，并引致更多创新的出现。无论是一般创新研究对"技术创新研究"存在的路径依赖，还是技术在服务业中重要性的提升，都使人们片面地认为仅有技术一个维度对服务创新产生影响，即所谓的"服务创新是严格技术性和适应技术性的"。然而，许多服务创新活动是在没有任何技术参与的情况下发生的，如新的细分市场的发现、新酒店业态等。因此，虽然不可忽视技术在服务创新中的重要作用，但它并不是构成服务创新的必要条件，认为只有在运用技术系统的情况下才会产生服务创新的观点是错误的。如果没有充分认识到这点，就会限制人们对服务创新活动丰富性的理解（蔺雷，2007）。

此外，也有观点认为"服务创新是不显著的、渐进性的创新"。服务业所提供的产品不是有形的实物，而是一种无形的过程、体验或概念，这种服务本质的"无形性"使得人们很难观察到类似于制造业的显著技术创新。但是，这并不意味着服务创新是不显著的，相反，一种新的服务方式、概念的产生有可能引起某一产业根本性的变化，或孕育一个新兴产业。

综上所述，服务业中存在创新，技术并非是服务业创新活动的必要条件，服务创新可以是非技术性的、根本性的。

2.1.2　服务创新内涵

2.1.2.1　服务创新概念的界定

对服务创新内涵进行一般性的界定是服务创新研究的基础。服务创新概念本身所涵盖的意义广泛，因为服务创新活动并不仅仅发生在服务业中，其他产业和部门也有很多服务创新活动的出现。服务创新活动发生的范畴包括三个层次：服务业、非营利性的公共部门、制造业工业。从广义上讲，服务创新是指一切有关服务的创新行为与活动，包括各个行业、部门中所发生的创新活动；从狭义上讲，服务创新是指发生在服务业中的创新行为和活动。本研究着重对狭义的服务创新进行探讨，因为服务创新更多地出现在服务业中，且对服务业创新的研究是认识其他部门服务创新的基石。

服务本身所具有的无形性、生产和消费的同时性、不可储存性等特性决定了服务创新具有一系列不同于制造业技术创新的独特属性。本书在总结已有文献的基础上，认为从以下几个要素来理解服务创新的概念（蔺雷，2007），如表2-1所示。

表 2-1　服务创新概念所包含的要素

要素	界定
无形性	服务创新是一种概念性和过程性的活动，其结果是一种无形的概念、过程或标准
新颖度范围	服务创新的新颖度范围较广，"创新谱"较宽，从根本性的重大变化到渐进性的小变化，甚至是偶然性的、随机的现象
形式多样性	服务创新维度多种多样，技术只是其中一种维度，非技术形式的创新在服务业中更为重要

续表

要素	界定
顾客导向性	服务创新更多以顾客需求为导向，需求更多是一种需求推动现象，顾客作为"合作生产者"积极参与创新过程
适用范围	服务创新具有较强的企业专有性和一定的产业扩散性，一方面可模仿性较强，进入障碍低；另一方面某些属于特定创新，具有不可模仿性

资料来源：蔺雷（2007）。

表 2-1 的五个要素中，服务创新的无形性是核心要素，其他四个要素都是以它为基础衍生而来的，且各个要素间存在着相互关联和作用，由此得出服务创新概念的要素示意图，如图 2-1 所示。

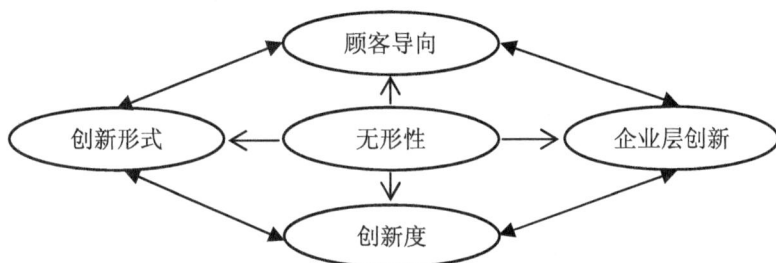

图 2-1　"服务创新概念维度"示意图

资料来源：蔺雷（2007）。

2.1.2.2　服务创新的特殊性

从本质来说，服务创新的特性源自服务本身所具有的特殊性，本书将服务创新与制造业技术创新进行了特征比较，如表 2-2 所示，通过比较二者的区别可清晰得出服务创新的特性（蔺雷，2007）。

表 2-2　服务创新和制造业技术创新的特征比较

服务创新	制造业技术创新
内涵丰富，包括技术性和非技术性创新	技术性创新
新颖度范围宽泛，不一定具有可复制性	新颖度范围狭窄，具有可复制性
顾客参与创新过程	顾客一般不参与创新过程
创新过程包含内部和外部交互作用	创新过程一般只包含内部相互作用
难以区分产品创新和过程创新	较清晰地区分产品创新和过程创新
开发周期短，没有专门的研发部门	开发周期长，有专门的研发部门

资料来源：蔺雷（2007）。

特性一：与制造业技术创新相比，服务创新的内涵较丰富，包括技术性创新和非技术创新多个维度。

服务创新不仅包括由技术带来的创新，且包括结构创新、市场创新、组织创新、过程创新等非技术性创新，技术性创新仅仅是服务创新其中的一个维度，并不是实现服务创新的必要条件。因此，在研究制造业创新时使用的技术维度观并不完全适用于对服务创新活动的考察。

特性二：服务创新的新颖度范围宽泛，创新活动不一定具有可复制性。

制造业技术创新的新颖度范围较窄，技术创新是一种显著可见的、可复制的变化，技术创新并未包括那些不可复制的变化。而服务创新既包含显著的重大变化，又包含渐进的、偶然的、随机的变化，其中一些变化是针对特定顾客提出问题的新的解决办法，这些问题可能只出现一次，因此服务创新存在着很大程度的不可复制性的变化。希尼（Heany，1983）对服务创新的新颖度范畴进行了界定，如表 2-3 所示。

表 2-3   服务创新的新颖度范畴界定

类型	描述
重大创新	对市场而言的全新服务，以信息和计算机为基础的技术驱动的创新
创始业务	在现有服务市场中引入新的服务
在当前服务市场中引入的新服务	对现有顾客和组织提供新服务（该服务可以在其他企业得到）
服务产品线扩充	现有服务的扩展，如增加新的菜单项，以及改进服务过程
服务改进	对当前所提供服务的特性进行某种程度的改进
风格和形式变化	对顾客感知、感情和态度有影响的适度变化，不改变服务基本特性的风格变化，或仅是外形变化

资料来源：希尼（Heany，1983）。

特性三：服务创新过程是一个顾客积极参与的较复杂的过程。

顾客积极参与创新过程是服务创新区别于制造业技术创新的一个显著特征。我们可以根据制造业和服务业的一般生产过程来解释服务创新过程中顾客积极参与性的特征。

特征四：服务创新过程不仅包含内部交互作用，还包含丰富的外部交互作用。

与制造业技术创新过程不同，服务创新是一个与不同的外部行为者相互交互的过程。一方面，顾客是服务创新过程中的主要交互对象，服务创新的一些思想便是在与顾客的交互作用中产生的。此外，服务业生产和消费的同时性决定了顾客是服务创新的"合作生产者"。在与顾客的不断交互作用中，服务企业才能获得更加丰富的顾客需求信息，以顾客需求为导向通过服务创新改善服务质量。另一方面，技术供应商、硬件设备供应商、竞争者、行业监管部门等外部行为者也与服务企业存在一定的交互作用，交互作用的质量直接或间接地影响服务创新的结果。

除外部交互作用外，服务创新过程也存在着内部交互作用，如企业员工、企业家等在一定的企业结构、氛围下，产生不同的交互作用模式。

特征五：与制造业技术创新相比，服务业中的产品创新和过程创新较难区分。

服务业向顾客所提供的不是一个最终的有形产品，而是一种无形服务。服务业本身具有生产和消费的同时性，即服务在很大程度上不具有可储存性，决定了服务创新中的产品创新和过程创新很难完全分离，很难在过程不变的情况下发生服务产品的改变。因此，服务创新发生时，很难明确区分产品创新和过程创新。

特征六：服务创新的开发周期短，没有专门的研发部门。

与制造业技术创新相比，服务创新所需的开发周期较短，且服务企业中几乎没有类似于制造企业中的研发部门，相应地，很难在服务企业中发现研发活动。这可能是由于服务创新和技术创新活动所依赖的科学基础存在很大差异，服务创新行为更多地是以社会科学为基础，而技术创新行为主要是以自然科学技术为基础。

2.1.2.3　服务创新研究的难点

通过考察服务创新的特性不难发现，服务本身的独特性导致了服务创新研究存在诸多困难。

（1）学术界对服务概念的界定比较模糊，且服务相关理论存在理解上的偏差，这势必给服务创新研究造成较大困难，主要表现为：对服务概念界定的不一致，难以形成统一的服务研究概念体系，而服务业不同部门间差异性较大，不利于研究者提炼出服务创新的一般规律。

（2）现有创新理论主要是在对制造业技术创新活动进行分析的框架下而研究的，很多学者将制造业技术创新理论直接应用到服务创新研究中。鉴于上述服务创新与制造业技术创新的诸多差异不难看出，在服务创新研究中照搬制造业技术创新理论难以全面、深刻地揭示服务创新活动的内在规律，应发展专门的服务创新理论。

（3）服务本身所具有的生产和消费的同时性、易逝性和无形性等特性决定了难以运用传统指标和方法衡量服务"产出"，定量测度上的困难使得研究者难以对服务创新活动（如创新投入、创新产出等）进行客观的描述，一定程度上限制了对服务创新的研究。

2.1.3　服务创新驱动力模型

对创新驱动力的研究是创新研究的基础性内容之一。首先，服务创新驱动力的识别在一定程度上对服务创新影响因素的研究具有指导意义。其次，以创新驱动力研究为基础，可提炼得出各种不同的创新模式，并能够与服务创新系统的结构特征、创新路径与方向等关联起来（蔺雷，2007）。最后，对驱动力的识别和把握是服务企业制定服务创新战略的依据，也是服务业管理部门制定相关政策从而影响服务企业创新活动的重要途径和手段。颂波和加卢（Sundbo & Gallouj，2000）在对欧洲各国服务企业调查研究的基础上，总结出服务企业创新的基本动力模型，如图2-2所示。

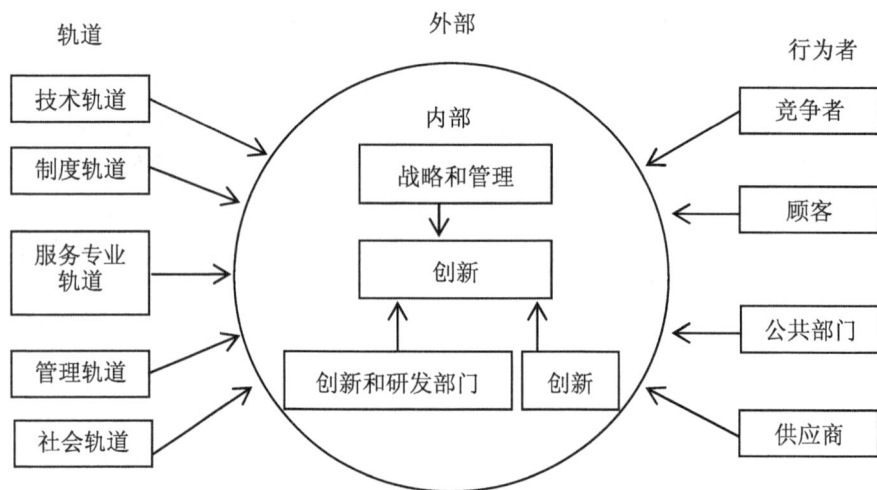

图 2-2　服务企业创新基本动力模型

资料来源：颂波和加卢（Sundbo & Gallouj，2000）。

服务企业进行创新的驱动力不仅有源自企业内部行为主体的创新活动，也有外部作用的驱动。颂波和加卢（Sundbo & Gallouj，2000）以独立的服务企业作为研究对象，对其驱动力因素进行识别和提炼，将服务企业驱动力因素划分为内部驱动力和外部驱动力两大类。每类驱动力都包含了对服务企业创新活动产生影响的不同因素，下面将对各个驱动力因素逐一阐释。

2.1.3.1　内部驱动力

颂波和加卢（Sundbo & Gallouj，2000）在研究中提出内部驱动力包括三方面：企业的战略和管理、员工、创新部门和研发部门。

（1）企业的战略和管理

战略是服务企业根据环境的变化、本身的资源与实力选择适合本企业的经营领域和产品，形成自己的核心竞争力，并通过差异化竞争取胜的一系列有关自身发展的长期规划，是指导服务企业各项活动的根本准则。对于企业而言，战略是一种根本性的且最为有效的企业创新的内部驱动力。服务企业战略主导的创新活动是一种自上而下的系统性的创新活动，目前很多服务企业的创新都是由战略主导的创新活动。

管理作为服务企业的内部驱动力之一，是指企业高层管理和营销部门的管理活动，其中在服务企业中营销部门的管理活动对服务创新的开发和实施作用尤为突出。因为服务创新经常是由市场中的顾客驱动的，而营销部门是与顾客直接接触并掌握丰富市场知识、顾客需求信息的职能部门，服务企业中的营销部门会根据市场形势的变化和顾客的需求及时通过管理活动对产品/服务做出相应调整，而这种调整在很大程度上会激发某种形式创新的出现。高层管理活动不仅可以根据营销部门反馈的市场变化情况做出反应，还可以通过对组织结构的变革、产品/服务提供方式的改进、新目标市场的开发等方式促使服务创新的发生。

（2）员工

服务创新的一大特征就是服务提供者与顾客的紧密结合，服务创新过程是服务企业员工与顾客间一系列交互作用的过程，这种交互作用是服务创新顺利进行的必要前提。因此，员工成为一种独具价值的服务创新内部驱动力。具体地说，员工在服务创新过程中所起的关键作用表现在以下两方面：一方面，员工在与顾客的交互作用过程中，有机会及时发现顾客需求，而这些客户需求在很大程度上有可能是一项服务创新的诱因；另一方面，资质较高的员工还可以根据自身的工作经验和才智提供有价值的创新思想。

（3）创新部门和研发部门

虽然在服务企业中很少存在类似于制造业企业中正式的研发部门，但颂波和加卢（Sundbo & Gallouj，2000）认为服务企业中的创新部门是一种形而上的、对创新活动的出现起着一定作用的"信息交流部门"，它主要负责在企业内部搜集、整合、诱发创新概念，而且其活动经常是由企业内部的创新项目团队以社会科学为基础，根据企业目标并针对市场变化进行的一系列创新概念的测试。但服务企业中此类相关部门的确会成为企业创新思想的重要来源并对企业的服务创新过程产生一定影响，但它并不是服务企业创新活动的主要驱动力因素。

2.1.3.2   外部驱动力

如颂波和加卢（Sundbo & Gallouj，2000）服务创新的驱动力模型所示，服务企业创新的外部驱动力分为轨道和行为者两大类，每类又包含不同的内容。

（1）轨道

轨道是在社会网络（如一个国家、一个国际化的产业供应链、一个区域性的产业集群等）中传播的概念和逻辑，这些概念和逻辑常常以一些难以明确识别的行为者为载体进行传播和转移，并逐渐与周围的环境相适应。轨道概念所强调的不是通过哪些行为者进行传播，而是被传播的内容，即概念和逻辑。需要强调的是，轨道与服务企业的创新活动之间是相互作用的。但一般来讲，个别服务企业的创新活动对既定轨道的影响还是微乎其微的，但轨道作为服务企业创新的重要外部驱动力，会对服务企业的创新活动产生较大的影响，使得服务企业在轨道约束的范围内进行创新活动。

就轨道的类型而言，服务企业创新活动主要遵循五种不同类型的轨道：技术轨道、制度轨道、服务专业轨道、管理轨道和社会轨道。需要强调的是，这几种不同类型的轨道并不是孤立存在的，在很多情况下它们都是以某种方式相互交织共同对服务企业的创新活动产生影响。①服务专业轨道最为重要，它主要是指不同类型服务专业（如金融、物流、医疗、旅游）所要求和蕴含的专业化知识、基本方法和行为准则等。服务专业轨道由这些不同类型服务部门自身的专有属性所决定，各类型服务企业创新活动的发生和发展都是以此为基础，在其所属专业的轨道范畴内演进。②管理轨道，主要是针对现代企业组织形式的一般性管理模式、理念和措施，如服务管理系统、激励机制等。这类管理轨道也会对服务企业的创新活动产生影响。值得指出的是，在一些知识密集型商业服务企业中，服务专业轨道和管理轨道会出现相互重叠的现象，二者经常是合二为一的。③制度轨道，它所阐释的是影响服务企业创新的外部制度环境的一般规律和演变趋势，具体包括服务业管理规则、政治环境等的变化。与制造业创新相比，制度轨道对服务企业创新的影响作用更大，制度环境的演变催生出大量服务创新的出现。④社会轨道，是指社会上一般性道德观念、惯例、社会规则等，它的变化趋势和演进规律会对服务企业的创新活动产生重大影响。虽然同属于服务企业创新驱动力的外部驱动力，社会轨道和技术轨道会出现矛盾的现象，如原子能技术从技术范畴来看是形成微电子学范式的必要因素，但就原子能技术本身而言难以获得社会道理伦理的接受。⑤技术轨道，是指传统创新经济学意义上的技术，即服务企业提供产品或服务过程中必须使用的有关技术的要求、逻辑、规格等，如网络技术、信息和通讯技术等。技术轨道经常会引发一些服务创新的出现，这些创新活动不仅遵循了技术轨道的逻辑，还在服务专业轨道的范围内发展。

（2）行为者

行为者是服务企业进行创新活动的另一个重要外部驱动力，主要是指对服务企业创新活动产生重要影响的人、企业或组织机构，这些行为者不仅作为驱动力对服务创新产生影响，而且经常被包含在企业的创新过程中。

①顾客。与制造业的技术创新相比，顾客参与性是服务企业创新的一个显著特点，因此顾客是服务创新外部驱动力中最为重要的驱动力。根据服务业和制造业的一般生产过程，如图 2-3 所示，在制造业的生产过程中，顾客并不参与产品的生产和传递过程，仅仅是制造企业生产产品的最终使用者和被动接受者，而在服务业的生产过程中，整个服务企业提供产品/服务的过程都有顾客的积极参与，并且服务企业员工与顾客也会发生大量交互作用，因此后者属于一种"合作生产"过程。服务业不像制造业那样以某种确定的精准方式生产出一批批的产品，而是在不同的环境中，根据特定顾客需要所提出的非标准化问题而提供一种具有专有性的产品/服务。在某种意义上，服务创新就是在服务企业和顾客的相互接触过程中"合作生产"出来的。因此，顾客是服务创新活动最为重要的外部驱动力。

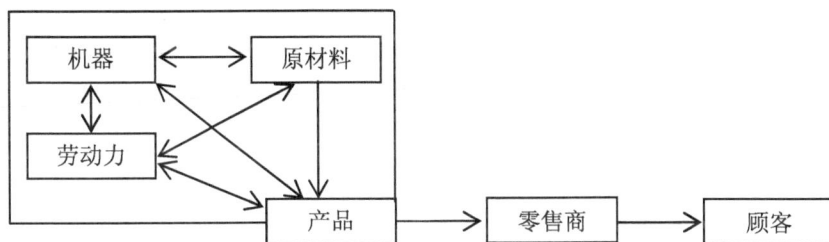

（a）制造业

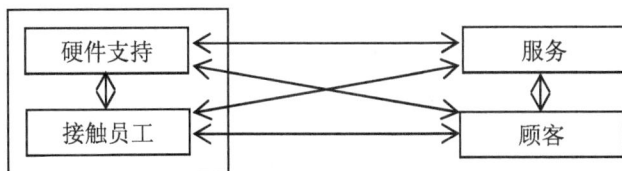

（b）服务业

图 2-3　制造业和服务业的一般生产过程

资料来源：埃格里厄和兰吉尔德（Eiglier & Langeard，1987）。

②竞争者。除顾客之外，竞争者也是推动服务企业进行创新的重要驱动力之一。服务企业中的很多创新活动都是通过模仿竞争者的创新行为进行的。同时由于服务企业提供的产品/服务在很大程度上具有可模仿性，且服务企业通常不采取进攻性的创新战略，因此服务企业中一项创新活动的出现和发展大多是跟随先行的竞争者。此外，激烈的市场竞争中，服务企业势必需要通过服务创新提供差异化的产品/服务来吸引消费者，促使服务企业不断创新。

③供应商。供应商特别是技术供应商（如软件技术、信息系统等提供商）和知识供应商（如 Knowledge-Intensive Business Service，KIBS）也是服务企业创新思想的重要源泉和创新活动的主导力量，在服务企业中很多创新思想源自这些供应商，同时它们还帮助企业具体实施。其中，技术供应商（包括软件供应商、服务设备供应商等）在服务创新过程中也可能成为重要的合作者，如很多管理信息系统等软件是在服务企业和技术供应商的合作中不断开发、升级、维护的，因此供应商是服务创新活动又一重要驱动力。颂波和加卢（Sundbo & Gallouj，2000）将供应商主导的这种创新模型称为"顾问帮助型"，且认为该模型是对经典创新经济学理论——熊彼特理论中提及的两个著名的创新模型的重要补充。目前知识供应商已逐渐吸引了众多创新研究者的注意，成为学者们对创新分析的又一焦点。

④公共部门。公共部门对服务企业的创新活动会产生一定的影响，但较之其他行为者而言，公共部门对服务企业创新活动所起作用程度较小。公共部门在服务创新过程中很少是一个直接参与者，它更多的是为服务企业提供创新所需的信息，如知识、创新开发和管理的经验、专业的员工培训，间接地推动服务企业开展创新活动。有些研究部门会对服务创新进行专门的研究。此外，公共部门对服务企业所实施的一系列管理和规制，在很大程度上也会催生创新活动的出现，如税收法律制度的变化催生了很多金融服务创新。

2.1.4 服务创新研究范式述评

关于创新体系的研究有多种理论模型,从国家创新体系到区域创新体系(例如，Nelson，1993；Oinas & Malecki，1999)，再到具体某一部门的创新体系（例如，Pavitt，1984；Miozzo & Soete，2001)，这些模型大都是基于对制造业创新的研究发展而成。已有研究表明，服务业的创新活动一定程度上有别于制造业（Sundbo，1998；Metcalfe & Miles，2000；Gallouj，2002；Drejer，2004；Howelles & Tether，2004)，服务业的创新活动包含着一系列行为的改变，该类创新很大程度上是非技术性的（Sundbo，1998)。服务管理理论认为服务是一种社会性行为，顾客和服务提供者之间的合作互动是解释服务企业活动（包括创新活动）

的重要依据（GrÖnroos，1990）。服务企业生产和消费的同时性决定了服务产品和服务过程是很难分开的。此外，学者们注意到技术对服务业的影响越来越显著，尤以信息技术为甚（Miles，1993；Miozzo & Soete，2001），这就意味着许多服务创新活动属于技术创新的范畴。这种变化引发了一场关于制造业技术创新的理论和框架在多大程度上适用于服务业的讨论（Sundbo, Orfila-Sintes, & Sørensen，2007）。根据研究视角的不同，可将制造业技术创新研究范式对服务业的适用性讨论分为两大类。

2.1.4.1 新熊彼特主义："技术—服务—整合"范式

最早的服务创新研究可追溯到熊彼特（1932）提出的创新概念的界定。20世纪 80 年代之前，学术界没有专门针对服务创新的研究（沈占波等，2009）。80 年代以后，德鲁克等人继熊彼特之后，对服务创新的概念展开了后续研究。在熊彼特的研究方法体系下，服务创新研究经历了从"技术主义"到"服务导向"再到"整合研究"的三个阶段，分别强调制造业和服务业的相似性、差异性和整合性，我们将其统称为"新熊彼特主义"。本书将新熊彼特主义研究范式下三个流派的研究概况进行归纳（沈占波等，2009；杨广等，2009），如表 2-4 所示。

表 2-4 新熊彼特主义研究范式下三个流派的研究概况总结

学派	主要观点	代表性研究	存在的缺陷
技术主义学派	①强调产品和服务的相似性；②技术进步是服务创新的本质和最主要的驱动力；③沿用制造业产品创新的研究方法；④服务创新遵从技术轨道	巴拉斯（Barras，1986），巴拉斯（Barras，1990）帕维特（Pavitt，1984） 加卢等（Gallouj & Weinstein，1997）	①忽略了服务创新中的非技术性因素，如服务传递的过程、与顾客的联结和互动等；②忽视了服务业和制造业的区别，对服务业的特性研究不足；③技术范式的适用性有限，并不适用于规模很小的从事简单运作服务的企业
服务导向学派	①强调产品和服务的差异性；②关注到服务创新中技术之外的其他创新因素，如过程、传递、市场等；③研究基础是服务的特征；④对服务创新的研究采取非技术范式	颂波等（Sundbo & Gallouj，2000）加卢等（Djellal & Gallouj，2001）加卢（Gallouj，2002）科特勒等（Kotler & Armstrong，2001）菲茨西蒙斯等（Fitzsimmons et al.，2002）	①过分强调服务创新与产品创新的差异性，以至于偏离了创新研究的基本理论；②对熊彼特的创新概念扩展过广；③完全放弃了技术范式，局限了研究的范围

学派	主要观点	代表性研究	存在的缺陷
整合研究学派	①强调研究范式的整合，形成了一个涵盖技术主义与服务导向学派的综合性研究框架；②产品和服务的过渡是一个连续的状态，有些产品同时具有服务的性质；③将服务创新看作企业取得竞争优势的方法	加卢等（Gallouj & Weinstein，1997） 埃里克（Erik，2006） 霍夫曼等（Hofman，Hertog & Bilderbeek，1998）	①整合研究学派试图建立一种通用的理论，忽略了理论对具体情况的适用性；②技术与服务两种范式的整合会产生矛盾与冲突；③仅对服务创新本身进行研究，而没有从企业的角度对创新的理论进行深化，难以与其他管理理论对接；④侧重对企业内部创新的研究，没有对外部因素所起的作用进行研究

资料来源：根据沈占波等（2009）和杨广等（2009）整理而得。

该研究范式从服务与技术二者关系的视角展开研究，典型代表是加卢（Gallouj，2002），他提出了"技术—服务—整合"的服务创新研究范式。（1）技术导向的方法亦可称为以技术为基础的方法，该种研究方法关注技术在服务创新中扮演的角色，并着重对由技术设备和技术系统的运用所引发的服务业创新进行分析（Barras，1990；Miozzo & Soete，2001）。（2）服务导向的方法强调服务本身的特性，特别是服务的"无形性"和"合作生产"特性。服务导向的方法并不排斥技术维度，但更加重视非技术形式的创新，其研究的基本假设是：服务本身的特性引发了很多难以由"技术方法"解释的创新形式，与那些由技术引发的创新相比，此类创新发生更为频繁，并成为服务创新的主体（Edvardsson et al.，2000）。（3）整合方法强调服务业和制造业的边界是模糊的，该方法建立在服务和物质产品相互融合的基础上，将两者看作在功能上无差别的统一体进行研究，较有代表性的是加卢和温斯坦（Gallouj & Weinstein，1997）的研究，其研究揭示了服务业和制造业创新活动内在和本质的联系。

2.1.4.2　开放的服务创新："组织—管理—创新体系"范式

"技术—服务—整合"范式将企业内部作为研究的出发点，很少关注到企业外部的因素。技术主义范式将关注点集中在企业内部的技术性因素，服务导向范式着重阐释服务本身及影响服务创新的因素，虽然服务导向范式涉及服务传递过程、市场等因素，但学者们仅将这些因素看作服务的不同维度，而并非从企业的外部因素进行审视；虽然整合研究范式将研究视野拓展到企业外部的利益相关者、企业与顾客交互的界面、企业服务传递等，但对这些外部因素的研究具有很强的内部指向性，如创新四维度模型便是以企业内部的技术维度作为研究的核心要素，而其他维度之间也是通过企业内部组织的交互作用联结在一起的（沈占波等，2009）。

从创新模式的角度分析，存在封闭式创新和开放式创新两种典型的创新模型。前者认为企业创新过程完全发生于单个企业内部，后者认为企业的创新源泉来自内外部知识的整合，而目标市场在企业创新过程中起着尤为重要的作用，这里所提的目标市场不仅指现有市场，还包括新市场。之后，学者们在开放的创新模式框架下，分别从两个视角对服务创新的外部因素进行了研究：一方面从服务使用者的视角关注到外部市场因素对服务创新的影响；另一方面从服务供给者的视角考察了企业外部技术对服务创新的重要作用。

服务提供者视角的研究主要关注知识密集型商业服务（Knowledge Intensive Business Service，KIBS）与企业的合作关系，企业的技术性能力对企业形成外部联盟起着重要作用，而技术推动的外部联盟可推动服务企业的创新行为（沈占波等，2009）。赫特格（Hertog，2000）将服务创新分为七种类型，通过对赫特格（Hertog，2000）所提出的创新类型的划分，可以发现研究者认为创新维度的主导从供应商逐渐转移到需求方——客户企业，从而强调了顾客因素在服务创新中日益突出的重要性。因此，服务使用者视角的研究主要关注外部市场因素对服务创新的影响。

第二种研究范式是以科里亚特和温斯坦（Coriat & Weinstein，2002）为代表的"组织—管理—创新体系"范式，该范式主要关注的焦点是由各种创新影响因素和行为者构成的创新体系（如 Callon 等于 1992 年提出的创新体系模型）是否适用于服务业创新。颂波和加卢（Sundbo & Gallouj，2000）在实证研究的基础上得出服务业并不存在创新体系，但帕维特等（Pavitt，1984；Miozzo & Soete，2001）采用技术导向的研究方法对服务创新进行研究之后提出服务业存在创新体系。

2.2　旅游创新研究综述

旅游业的发展历程包含着诸多创新活动。近代旅游业的先驱者托马斯·库克顺应了新兴铁路运输业的发展，以包租火车的方式向人们提供了一种将旅行与娱乐相结合的全新服务，之后他创办了世界上第一家旅行社——通济隆旅行社，为旅游服务的提供组建了一套行之有效的组织结构模式（Brendon，1991）。迪士尼公司的出现揭开了旅游业创新进程的新篇章，迪斯尼公司把动画片所运用的色彩、刺激、魔幻等表现手法与游乐园的功能相结合，创建了世界上第一个现代意义上的主题公园（Weth，2007）。时至今日，由迪士尼公司申请的美国专利项目总数多达 102 项[①]，迪士尼公司已成为世界旅游创新的先驱。雷·克罗克（Ray Kroc）创办的麦当劳变革了餐饮服务业的组织模式（Love，1986），麦当劳所传承的经营理念在一定程度上为整个餐饮服务业的创新发展提供了诸多灵感（Ritzer，2008）。

　　但是，旅游业创新并未引起以熊彼特为代表的早期创新研究者的关注（Schumpeter，1934）。传统创新理论的主要研究对象是制造业技术创新，专利是其主要衡量指标（Dosi，1988）。随着服务业的兴起，尤其是自 20 世纪 80 年代以来信息服务业的迅猛发展，无形产品的创新吸引了越来越多创新研究者的关注，更有学者认为服务业将成为最有潜力的创新型产业（Miles，2003）。兴起于 20 世纪 90 年代的旅游创新研究，顺应了现代旅游产业发展的趋势，并具有显著的现实意义。旅游业创新是应对旅游业现代化过程中所面临诸多挑战的必由之路。近 20 年来，与传统大众旅游时代所不同的新型旅游业态不断涌现，信息通讯技术的发展和传播变革了旅游产业结构、供应模式和旅游消费方式（Stamboulis & Skayannis，2003）。以法国冬季滑雪旅游目的地为例，许多旅游发达国家为之自豪的诸多旅游目的地面临着全球旅游市场份额逐年下降的问题，目的地旅游产品形式单一、普遍存在规模不经济现象、较高的劳动力成本，加之东亚旅游市场的蓬勃发展，迫使其不断探索可持续发展的有效途径（Paget，Dimanche & Mounet，2010）。经济合作与发展组织（OECD）针对旅游创新的调查研究正是在这种背景下展开的（OECD，2006）。

　　旅游业创新研究为揭示旅游产业运行机制提供了一种全新的视角和途径，并为产业政策的制定提供了理论依据与指导，具有一定的理论和实现意义。严格地讲，将旅游业看作一个产业，在产业创新理论的研究框架下，旅游业创新特殊性的相关研究主要出现在国外研究中，国内相关研究尚属空白。因此，本部分主要对国外旅游业创新研究进行综述。国外旅游业创新研究尚

---

　　① 该数据是通过美国专利数据库（US Patent Full-Text and Image Database）检索而得，以迪士尼（Disney）为关键词，以申请人（Inventor Name）为检索项。

处于起步阶段，在今后的发展中相关理论和经验论据将不断完善。从整体来看，国外旅游业创新研究主要从三个维度展开：旅游业创新特性、旅游业创新机理和旅游业创新管理。旅游创新特性是指旅游创新区别于其他产业创新所特有的属性，主要包括旅游创新内涵和旅游创新维度两方面的研究内容；旅游创新机理是指为实现创新，旅游产业中相关要素的内在运行方式以及诸要素在一定环境条件下相互联系、相互作用的运行原理，该维度包括旅游创新价值链和旅游创新影响因素的识别两方面的研究内容；旅游创新管理是指为保证旅游组织创新活动的顺利进行而实施的一系列计划、组织、协调和控制活动，该维度包括企业层面的知识管理与旅游创新、旅游目的地层面的集群与网络，以及旅游创新管理启示与创新政策三方面的研究内容。本部分按照该框架（参见图 2-4）对文献内容进行逐一评述。

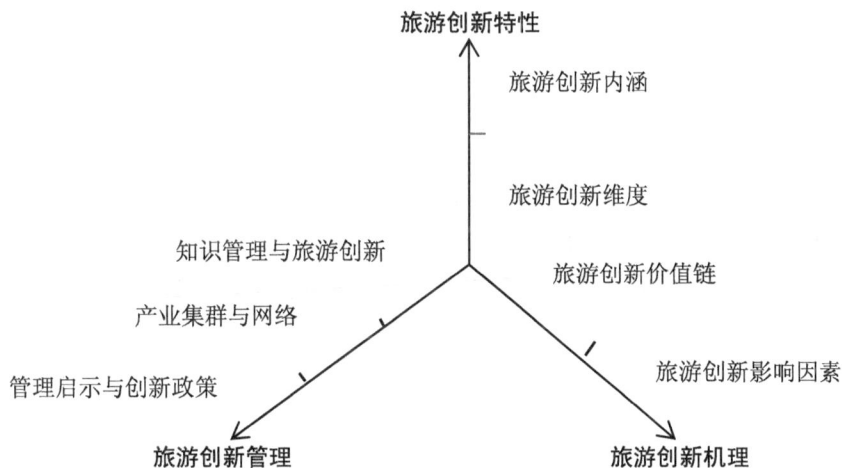

图 2-4　国外旅游创新研究理论框架

资料来源：本研究根据外文文献提炼得出。

　　旅游创新研究框架中三个维度之间的逻辑关系如图 2-5 所示。旅游创新的特性研究为研究旅游创新的机理和创新的管理提供了核心理论基础；旅游创新的机理是在旅游创新的特性基础上，对旅游创新的内在规律进行探索；而只有明确了旅游创新的特性和内在机理，才能为旅游创新的管理研究提供理论指导。该三个维度的研究，是构建整个旅游创新研究体系不可或缺的重要内容。

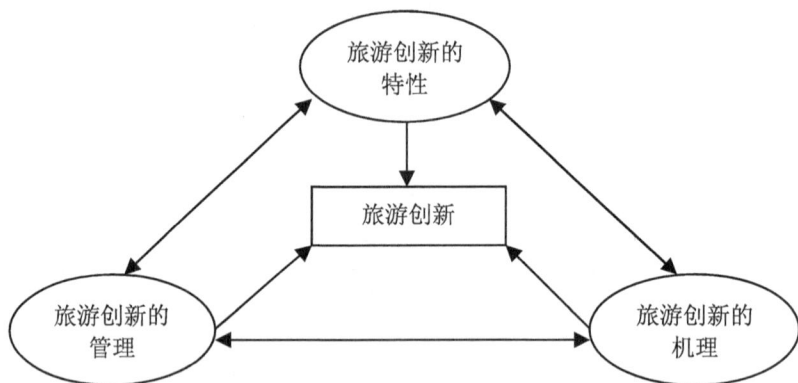

图 2-5　旅游创新研究框架中三个维度之间的关系

资料来源：本研究根据外文文献提炼得出。

2.2.1　旅游创新的特性

2.2.1.1　旅游创新的内涵

关于旅游创新这一概念的严格定义，学术界一直存在着多种观点。然而，旅游创新概念的界定是该领域研究的基点，应符合主流产业创新研究的标准和脉络，因为只有建立在统一概念体系基础上的研究，才能确保不同部门、不同国家、不同层次的创新研究具有可比性（Paget et al., 2010）。因此，在分析旅游创新的产业异质性之前，应首先明确旅游创新的定义。沃罗（Volo，2005）综合了以往研究的成果，从旅游体验的视角对旅游创新的定义进行了界定，以期为旅游企业创新行为的衡量和评估提供标准。哈拉格尔（Hjalager，1997）从发明与创新的区别角度阐释了旅游创新的定义：发明是指不以任何专门的产业应用为目的的社会和技术发展，而创新是企业有目的地将某项发明在市场上实现其价值的过程。熊彼特认为，"创新"这个概念属于经济范畴而非技术范畴，是企业家将生产要素和生产条件重新组合引入生产体系，即建立一种新的生产函数，其目的是为了获取潜在的利润，而将发明和创新联系在一起的便是企业家的能力（Hjalager，2002）。

传统创新理论是针对制造业技术创新的研究，旅游业作为服务业，其创新活动有别于制造业，具有一定的特殊性。玛尔塔等（Marta et al., 2003）以服务创新理论为基础，总结了旅游创新的特殊性：（1）生产和消费的同时性决定了旅游产品创新和过程创新二者难以区分，正是由于这个原因，旅游创新活动逐渐趋向以顾客需求为导向；（2）旅游产业运行蕴含着多元化的信息交互过程，因此信息技术（IT）在现代旅游业创新中扮演着重要角色，而这种基于信息技术的旅游创新成果易于模仿，且很多不受专利制度保护，旅游创新中普遍存在的由"搭便车"现象所引致的较高的创新风险，无疑挫伤了旅游企业的创新热情；（3）旅游企业从业人员在组织机构运行和服务产品传递过程中起着重要作用，人力资本是旅游创新的关键要素；（4）旅游企业组织创新不仅是旅游创新的重要表现形式，更是诸多创新行为的激励因素之一（Volo，2005）。

2.2.1.2　旅游创新的维度

为了清晰地揭示旅游创新的内涵，许多学者对旅游创新的分类进行了探讨。奥地利经济学家约瑟夫·熊彼特（Joseph Schumpeter）提出的创新理论将创新分为产品创新、过程创新、管理创新和市场创新四类，这种分类为人们观察、理解企业创新的复杂过程提供了帮助（Hjalager，1997）。哈拉格尔（Hjalager，1997）最初提出的旅游创新分类沿用了熊彼特的四类创新分类理论。但学者们逐渐认识到旅游创新不同于制造业，哈拉格尔等（Hjalager，2002；Weiermair，2005）对其进行完善，增加了分销创新、组织创新和制度创新等旅游创新类型。根据文献内容，本书总结了被多数学者所认同的五类旅游创新类型：产品/服务创新、过程创新、营销创新、管理创新和制度创新。

（1）产品/服务创新

产品/服务创新是指可以由顾客直接观察到的新产品或服务，这类创新可以是全新产品/服务的推出，也可以是对特定企业或旅游目的地提供产品/服务的改造、升级。旅游者不仅可以直接感知到这种创新，而且此类创新很有可能成为影响旅游者购买行为的重要决定因素。一些针对饭店业创新的研究指出，各种为提升服务品质而采取的措施都可看作产品/服务创新，如烹饪方法的改进、基础设施的完善、康体设施的增设（Pikkemaat，2008）、顾客定制服务（Enz & Siguaw，2003）、环境管理方法（Le et al., 2006）等。对于旅游目的地而言，产品/服务创新，如开设雪板公园，增设狗拉雪橇活动和雪地自行车运动，体育运动辅助设施的完善等，可丰富旅游者的体验方式，延伸旅游价值链，这是解决旅游目的地季节性瓶颈的有效途径。此外，针对近年兴起的体验旅游，企业经营者已逐步认识到产品创新在发展体验旅游过程中的关键作用（Sørensen，2004；Stamboulis et al., 2003）。自然和文化遗产类旅游产品的重新塑造和顾客定制等行为都属于产品/服务创新。而旅游方式的转变，如由传统包价旅游发展到如今的生态旅游（Novelli et al., 2006）、康体旅游、可持续旅游（Stamboulis et al., 2003）等都属于旅游产品的创新。

（2）过程创新

过程创新是指发生在企业后台的生产/服务提供过程的改进和完善，旨在提高企业运营效率，提升企业提供产品/服务的连贯性和灵活性。过程创新主要是由技术性投资所驱动，且经常伴随着员工工作流程的再造（Hjalager，2009）。由于信息与通讯技术（ICT）具有将不同地域、不同主体之间信息和知识进行集成、组织的能力，因此 ICT 成为过程创新的一个主要媒介和技术保障（Martin，2004）。ICT 在旅游业的应用研究已成为旅游研究中的一个重要分支（Buhalis & Law，2008）。具体来讲，餐饮企业的过程创新主要发生在厨房，餐饮服务技术的应用不仅提高了产品供应的效率和灵活性，还节约了原材料和劳动力的投入，并提高了产品供应过程的卫生程度（Rogers，2007）；饭店业利用的自助入住系统不仅节约了顾客的时间，提高了员工的工作效率，并且企业可通过过程创新增加产品的价值链；滑雪场升降机容量的选择是决定该旅游目的地服务效率的关键因素之一（Clydesdale，2007）；季节性等气候因素对旅游业的威胁迫使旅游企业经营者们不断通过过程创新来提升其目的地形象，降低营运成本（Liburd，2005）；机场也采用了一系列技术创新确保旅客、行李物品和信息等的合理流动与有效传输，并采用 X 射线和红外线扫描等技术确保航空运输的安全性（Sheller et al., 2006）；旅游景区为了合理地控制游客量也采用了类似的过程创新（Hjalager，2010）。

（3）营销创新

营销创新是指许多旅游企业或目的地管理机构错误地把新顾客群体的识别、品牌的重塑等认为是创新行为，误导了人们对旅游创新概念的理解。一种全新的营销模式可改变顾客与供应商之间的沟通方式，这种创新便是典型的营销创新。培育顾客忠诚度是旅游业典型的营销创新，这种创新从根本上改变了旅游供应商与顾客之间关系，使之从一种纯粹的买卖关系转变为一种顾客忠诚与额外的无形服务之间的交换，通过改变交易双方的互动方式将其发展成为一种长期、理性的交易行为（Morais et al., 2004）。万维网（World Wide Web）的迅速发展引发了营销创新的浪潮，这些营销创新不仅包括旅游企业营销模式的转变，而且引致旅游中介机构（如旅行社）不断减少，旅游者自助服务能力的不断提升，加之互联网所提供的大量旅游供应商，在降低旅游者的旅行成本之余，节约了旅游营运商的经营成本；旅游搜索引擎的出现催生了一场旅游业具有划时代意义的变革，搜索引擎为中小型旅游企业提供了与市场领导者平等竞争的平台，变革了旅游企业与顾客信息交流的传统方式，并对传统意义上市场营销的核心假设和研究方法提出质疑（Hall et al., 2008）。

（4）管理创新

管理创新是指企业内部组织方式的变革、对员工管理和授权方式的改变、企业员工的职业生涯规划和报酬激励制度的变革等（Hall et al., 2008）。管理创新的主要目的就在于提高员工的满意度、培养企业文化和积累企业内部知识储备（Hall et al.，2008）。旅游企业经营管理的挑战主要在于如何留住员工，既维持企业经营的灵活性，又能控制成本（Hjalager，1997）。麦当劳在管理创新方面的成功，包括完备的人员培训计划、内部晋级制度和企业文化的强化等（Leidner，1993）。建立团队精神是当前管理创新的一种重要形式，在旅游企业中团队精神的培育是企业提高服务水平的关键所在（Leidner，1993）。

（5）制度创新

制度创新可能会对旅游企业的经营管理及顾客产生影响。20 世纪 50 年代兴起的特许经营是一项重大的制度创新，特许经营制度的兴起不仅刺激了旅游供应商的快速发展，拓展了旅游产品的分销渠道，而且为创新知识的传播和应用提供了有效途径（Lashley et al.，2000）。哈拉格尔（Hjalager，2005）对丹麦的案例研究表明，社会福利制度的演变，尤其是各国假期制度的变革催生了众多旅游创新活动，而假期制度变革本身就是制度创新的一种。快速、可靠地处理大量交易数据的计算机预定系统（CRS）的运用也是一项重要的制度创新（Hall & Williams，2008），航空公司的计算机机票预订系统、饭店集团的中央预订系统及后来更为成熟的全球分销系统（GDS）在旅游运行中发挥着重要的作用。

值得注意的是，不同类型的创新活动并不是彼此孤立的，它们之间存在着一定的相互作用（Weiermair，2005）：某一类型的创新活动会引发其他类型的创新活动，如旅游产品技术创新可能会带来营销方式的变革（Buhalis & Law，2008）；不同类型的创新活动也可能同时发生（Marta et al.，2003），如体验旅游产品的设计无一例外地融合了多种类型的旅游创新活动（Stamboulis & Skayannis，2003；Novelli et al.，2006）。

2.2.2　旅游创新的机理

旅游业的产业关联性强，很多学者认为旅游创新价值链属于供应商驱动型，旅游企业自身研发行为甚少。对旅游创新影响因素的研究是深入探析旅游创新机理的有效途径，本书分别对企业规模、企业管理模式、人力资本和企业家精神、制度与政策、企业合作与集聚、市场需求六个因素的相关研究进行了评述。

2.2.2.1　旅游创新价值链

哈拉格尔（Hjalager，2002）认为旅游企业创新更多的是源自供应商的研发活动或迎合市场需求的供给方式改变，奥尔拉菲等（Orfila-Sintes et al.，2005）通过经验数据证实了该理论假设，并指出饭店企业创新活动更多地源自从外部引进的以技术为载体的研发成果。他对西班牙巴利阿里群岛饭店企业创新行为进行的调查研究显示，拥有创新活动的 285 家饭店企业中，80%的企业创新行为是基于新机器、设备、软件引进的技术创新。而企业内部的研发活动不仅所占比例很小，且大都是与供应商合作开发完成的（Orfila-Sintes et al.，2005）。此外，信息与通讯技术（ICT）在饭店企业创新中起着重要作用，而 ICT 用于处理企业与外部信息交流的创新活动远远多于其处理企业内部信息交流的创新活动（Leidner，1993；Lashley & Morrison，2000）。

2.2.2.2 旅游创新的影响因素

对旅游创新影响因素研究归纳如表 2-5 所示。

表 2-5 旅游创新影响因素研究归纳

文献	研究对象	资料收集方法	影响因素
哈拉格尔（Hjalager，2005）	丹麦社会福利状况与旅游创新	案例研究	社会意识形态、社会福利状况
奥尔菲拉等（Orfila-Sintes et al.，2005）	西班牙巴利阿里群岛饭店业	问卷调查	饭店类型、连锁经营、供应商、企业规模、市场竞争、人力资本
维尔玛尔（Weiermair，2005）	旅游价值链与旅游企业创新	文献调研	市场状况、需求者
佩吉特等（Paget et al.，2010）	运用行为者网络理论研究旅游创新	参与型观察、深入访谈	企业家、创新网络
颂波等（Sundbo et al.，2007）	丹麦和西班牙旅游企业创新行为比较	问卷调查	人力资本、企业网络、企业规模、企业家
诺韦利等（Novelli et al.，2006）	产业聚集与旅游企业创新	案例研究	产业集聚
伯金等（Bergin-Seers et al.，2008）	旅游公园创新的影响因素	问卷调查	政府制度、企业家、产业集聚
马尔诺等（Marta et al.，2003）	巴利阿里群岛旅游企业创新行为	问卷调查	企业规模、人力资本
皮克迈特等（Pikkemaat et al.，2005）	澳大利亚蒂罗尔地区中小型饭店业的创新行为	问卷调查	企业规模、人力资本、企业间合作

资料来源：本书根据文献整理得到。

（1）企业规模。根据研发研究表明，创新能力与企业的规模呈正相关（Dosi，1988；Rogers，2007），颂波等（Pikkemaat et al.，2005；Sundbo et al.，2007）通过实证研究方法在旅游企业中证实了这一假说，其调查数据显示旅游企业规模与企业创新能力存在正相关性。哈拉格尔（Hjalager，2002）也认为大型旅游企业更利于进行创新活动，但他同时也指出旅游服务产品的创新，如概念创新、服务流程再造、旅游景区开发模式等，很难由申请专利或其他机制进行保护，搭便车现象普遍存在，这些因素势必影响到大型旅游企业的创新动力。

（2）企业管理模式。奥尔菲拉等（Orfila-Sintes et al.，2005）通过对西班牙饭店业的创新活动进行实证研究得出，高星级饭店更具创新性；连锁经营的饭店、所有权和经营权相分离的饭店在技术创新方面表现得更为出色。

（3）人力资本和企业家精神。颂波等（Sundbo et al., 2007；Marta et al., 2003）都强调了人力资本在旅游企业创新过程中的重要性，只有拥有高水平的人力资本旅游企业才可能吸收外部的创新知识并进行内部创新。实证研究表明创新性水平较高的旅游企业普遍重视员工技能的培训和提高（Orfila-Sintes et al., 2005）。然而，也有学者指出旅游从业人员的技能较低，且员工流动性很大，在很大程度上成为旅游企业依靠人力资本实现创新的瓶颈。佩吉特等（Paget et al., 2010）认为企业家能否识别市场机会，有效地利用创新网络实现创新是整个创新活动的关键，颂波等（Sundbo et al., 2007）在研究中也强调了企业家在旅游创新中的突出作用。

（4）制度与政策。伯金等（Bergin et al., 2008）对以中小型企业为主的旅游公园进行了调查研究，认为政府规制是该部门进行创新活动的主要障碍因素之一。哈拉格尔（Hjalager，2002）从社会福利的视角对丹麦旅游创新进行了研究，认为福利制度和与之相关的社会意识形态对旅游创新的影响不容忽视，他强调社会制度体系对旅游创新有重要作用。

（5）企业合作与集聚。伯金等（Bergin et al., 2008）认为企业间的合作可帮助企业通过更新知识获得开发新产品和服务的途径。颂波等（Sundbo et al., 2007）实证结果表明创新网络在旅游企业创新活动中的促进作用是显著的。佩吉特等（Paget et al., 2010）以行为者网络理论为理论框架，运用社会学的方法对旅游企业进行考察，并对经营者进行深入访谈，指出旅游企业创新是在社会创新网络中进行的。此外，旅游企业大都属于中小型企业（Hjalager，2002），诺韦利（Novelli）认为产业集聚为处于不利地位的中小型旅游企业提供了实现创新性经营的机会，伯金等（Bergin et al., 2008）在对旅游公园的经验研究中也证实了这一点。

相反，也有学者对旅游企业间进行合作的信任基础提出质疑。一方面，旅游企业的倒闭和重建十分普遍，以丹麦为例，每年有 25% 的旅游企业更换企业所有人，频繁地变更企业所有人危害了企业进行创新活动的坚固基础，不利于形成创新网络（Hjalager，2002）。另一方面，由于旅游产品易于模仿，难以通过专利法规和其他相关机制予以规避，因此搭便车现象在旅游业中普遍存在，旅游企业间缺乏信任（Hjalager，2002）。

（6）市场需求。有学者以旅游价值链为切入点主要分析了需求因素在旅游创新中的作用，且认为企业创新很大程度上受市场结构的影响（Weiermair，2005）。

2.2.3　旅游创新的管理

以旅游创新的机理研究为基础,由于供应商驱动型的旅游创新价值链模式,以及旅游业的信息密集型产业属性,因此,无论是创新活动的进行,还是创新知识的传播,都涉及一个核心问题就是知识管理。从旅游企业层面来看,知识管理是国外学者最为关注的研究对象。产业集聚与网络是从旅游目的地层面对旅游创新的管理。以此为基础,诸多学者提出了相应的旅游企业管理启示和政策建议。

2.2.3.1　知识管理与旅游创新

旅游业与其他产业的高度关联性,决定了旅游产业创新的知识来源更加多元,因此知识管理是旅游创新研究的重要命题。旅游创新知识更多的是从相关产业、部门的创新成果转移而来(Hjalager,2002),以旅游企业的知识转移渠道为切入点对旅游知识管理和创新知识来源进行了研究。旅游企业创新知识的来源渠道包括,交易系统、供应商系统、监管系统、技术系统等(参见图 2-6)。

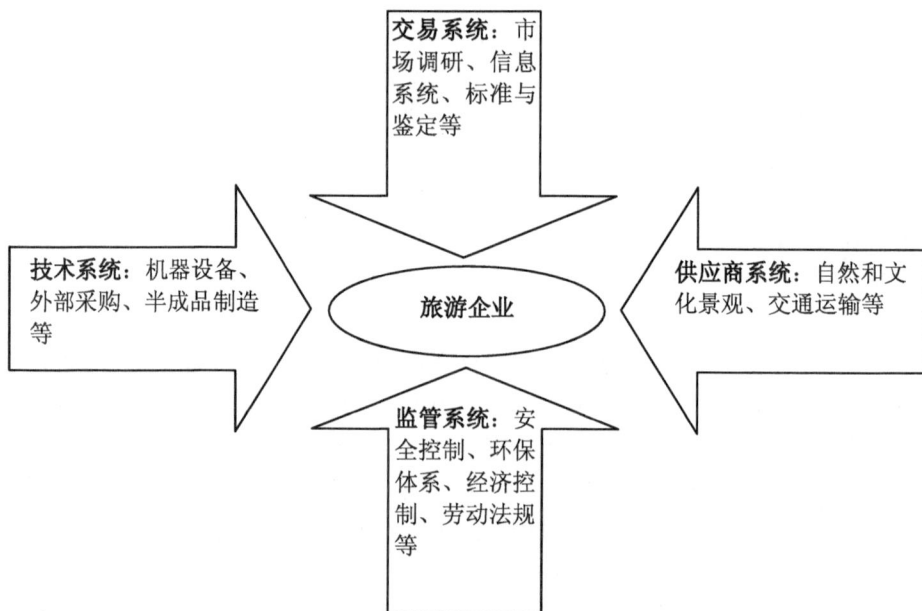

图 2-6　旅游企业创新知识的来源渠道

资料来源:哈拉格尔(Hjalager,2002)。

2.2.3.2　产业集聚与网络

旅游产业集聚（cluster）与网络（network）是旅游企业为了获得或分享资源、信息而在所达成的共识和默契的基础上形成的合作体系（Novelli et al.，2006）。对旅游产业集聚与网络的研究是从旅游目的地层面对旅游创新活动进行的研究。诺韦利等（Novelli et al.，2006）阐释了旅游产业集聚与网络对旅游企业创新的积极作用，并着重分析了其对于旅游业中普遍存在的中小型旅游企业创新经营的特殊意义。他指出旅游集聚与网络在世界范围内广泛存在，且规模不断扩大，为旅游企业的创新活动提供了诸多益处，如为旅游企业知识传输提供有效途径，有助于企业间更为灵活地分享市场信息，为企业提供进入其他集群与网络的机会等（Novelli et al.，2006）。

旅游产业集聚与网络存在不同的结构模式，各种模式对提升企业创新能力所起的作用各不相同（Sundbo et al.，2007）。一种是地域型的旅游产业集聚与网络，该类模式是基于企业空间邻近性，在某一旅游目的地形成的旅游企业集聚现象，这种集聚模式有利于旅游企业间通过面对面的信息交流实现隐性知识的传播；另一种是供应链型的旅游产业集聚与网络，在这种结构模式下旅游企业间的合作关系是基于旅游产品供应链而形成的，有利于旅游企业创新旅游供应模式、完善旅游产品价值链。但是，关于旅游集聚与网络对旅游产业创新的影响研究仅停留在经验性的案例分析，缺乏深层的理论和实证研究（Sørensen，2001）。

2.2.3.3　管理启示与创新政策

旅游企业管理者和政策制定者都应谨慎对待旅游创新的政府补贴问题，因为旅游业中存在大量的投机风险和搭便车现象（Weiermair，2005）。而旅游业中所谓的创新政策大都属于提升旅游目的地可进入性的辅助性措施，并未对旅游产业结构产生实质性的改善作用（Weiermair，2005）。很多学者提出了关于促进旅游企业合作和构建创新网络的相关政策建议，案例研究也表明开放的企业间交流合作可促进企业创新的积极性（Novelli et al.，2006），提升技术传播的效率，且企业家在企业合作中的作用不容忽视。基于中小型旅游企业创新中所处不利地位的研究，伯金（Bergin，2008）提出旅游创新政策应尤其关注这些企业创新的需要。北欧诸国的福利政策和休闲、娱乐设施的完善对旅游业产生了明显的溢出效应，其不仅为旅游业提供了免费的资源，且促进了旅游业互补性产品的开发（Hjalager，2005）。很多文献也提供了一些关于政策制定是如何引起旅游创新的案例，另外，气候、环境的相关政策将会是旅游业创新的重要诱因之一（Volo，2005）。

根据旅游创新的产业异质性，促进旅游产业创新的有效政策有别于传统创新理论中所提及的政策建议，如研发补贴、加强科研院所与产业的合作、规范专利审批制度等，因为只有为数不多的大型旅游企业才有可能从这些创新政策中受益，而专利制度本身并不适用于旅游业创新成果的保护（Hjalager，2002）。此外，旅游创新政策应给予旅游创新知识传输渠道足够的关注和倾斜。旅游创新政策不仅应将技术创新体系纳入其中，旅游交易体系、基础设施体系和政府规制等都应成为旅游创新政策引导的关键要素，从而形成不同利益主体共同合作的旅游创新支撑体系。

2.3   酒店创新研究综述

在服务创新研究范式的基础上，颂波等（Sundbo et al.，2007）提出研究和理解包括酒店企业在内的旅游企业创新活动的三层次理论框架，其所谓的三层次是在科里亚和温斯坦（Coriat & Weinstein，2002）研究中提到的"组织—制度"理论背景下提出的，且建立在颂波（Sundbo & Gallouj，2000）提出的"服务企业（包括旅游企业）的创新活动与外部世界间的关系是相对松散的"的假设基础上。三层次分别是：（1）企业层面，这里的"企业"是指科里亚和温斯坦（Coriat & Weinstein，2002）研究中提到的"组织"（Organization）概念；（2）网络层面，是指对于单个企业而言可能会起重要作用的松散的外部网络关系，但是旅游企业间存在的这种网络关系并不具有很强的凝聚力；（3）创新体系层面，是指科里亚和温斯坦（Coriat&Weinstein，2002）研究中提到的创新"制度化"（Institutionalization）。

创新网络理论关注的焦点是企业间的关系，而创新体系理论将影响企业创新能力的更多因素纳入其中。例如，埃德基（Edquist，1997）认为创新体系理论的研究目的之一就是识别影响创新过程的各种因素，包括经济结构的各个方面，以及影响企业学习、搜索外部知识和开发新产品的制度因素，如企业、大学、科研机构、政府部门和政策、金融机构、工会、技术协会等，以及更加宽泛的社会和文化要素（Carlsson et al.，2002）。创新体系理论包括两类创新体系研究视角——地理空间的视角和产业的视角。从地理空间的视角来看，创新体系研究又可分为国家创新体系（Nelson，1993）和区域创新体系（Oinas & Malecki，1999）两大类；而从产业的视角对创新体系的研究并不考虑地理因素（Edquist，1997）。产业创新体系内的各主体间可分享专业的知识库、特殊的技术、投入和需求信息、产业学习过程、组织结构、信念、目标和组织行为等

（Malerba，2002）。

利珀（Leiper，1990）指出可从地理空间和产业两个视角来对旅游体系进行研究，该研究仅强调旅游产品/服务提供过程中所涉及主体的多样性及各主体间相互依存的关系，但没有从创新的视角对旅游体系进行研究。从创新体系的视角来看，酒店创新体系可看作经济体系的组成部分以及对酒店企业创新产生影响的相关制度的设立，因此，酒店创新体系既可以是国际层面的，也可以是区域或旅游目的地层面的，或者是酒店产业层面的创新体系。但是，正如上述内容提到的，服务业创新体系相对薄弱甚至有学者质疑其存在性（Sundbo et al.，2000；Metcalfe et al.，2000）。虽然有学者提出从旅游目的地层面来看，酒店企业需要彼此合作形成创新体系（Sundbo et al.，2007），但是，许多经验研究表明此类创新体系并不存在（Hjalager A. M.，2002；Sørensen，2004；Mattsson et al.，2006）。因此，本研究从企业层面和网络层面两个视角对酒店创新进行研究。

2.3.1　企业层面的酒店创新研究

在企业层面，创新活动的产生常常归因于个人的聪明才智和企业内部进行的研发（R&D）活动。熊彼特（Schumpeter，1961）强调有创新精神的企业家在企业创新过程中的作用，即企业家精神。但是，熊彼特（Schumpeter，1947）也认为创新活动主要是企业组织内部的一系列活动，且主要发生在拥有充足创新资源的大型寡头垄断企业。基于此，随后逐渐形成的技术推动的创新理论认为科学技术和研发是创新活动的最重要的决定因素。此外，需求因素被认为是促进企业进行创新的拉动型因素（Schmookler，1966）。之后，学者们认为创新是一种由市场和企业战略所驱动的组织行为（Sundbo，2001）。

上述对创新活动的研究不同程度地对旅游创新研究产生影响。例如，在旅游创新的研究中，学者们关注到了企业家精神的作用（Morrison et al.，1999；Mattsson et al.，2006）。然而，与其他行业相比，以企业家精神主导的新企业创建形式的创新活动在旅游业中十分罕见（Hancock & Bager，2004）。具有创新精神的企业家的匮乏一定程度上限制了旅游企业的创新能力（Shaw & Williams，1994）。但是，有学者研究表明创新型旅游企业拥有具有创新精神的企业家（Ateljevic&Doorne，2000）。此外，哈拉格尔（Hjalager A. M.，2002）研究表明在旅游产业中，大型旅游企业，尤其是连锁经营的旅游企业是主要的创新主体；特伦布莱（Tremblay，1998）指出连锁经营的企业或大型企业集团可以为单个企业提供创新所需的大量知识，如关于过程创新、技术，及其他诸如品牌形象和商业名誉等无形资产方面的知识。

包括酒店企业在内的旅游企业的创新活动与其他类型的企业（如供应商）

不同，其自身并不进行研发活动，供应商等其他相关组织的创新行为有助于旅游企业创新活动的顺利进行（Hjalager A. M., 2002）。颂波（Sundbo et al., 2007）也指出服务企业的创新方式与制造业的传统创新方式存在很多方面的不同，如服务企业的创新行为很大程度上是基于员工和顾客导向的。服务企业的创新活动大部分属于基于实践经验的渐进性创新（Sundbo, 1998; Boden & Miles, 1999; Metcalfe & Miles, 2000; Andersen et al., 2000; Gallouj, 2002）。尽管近十年服务企业的创新活动尤为活跃，但其创新性并不及传统制造业。奥尔菲拉等（Orfila-Sintes et al., 2005）对酒店的创新行为进行研究，根据酒店创新的特殊性采用了更有针对性的酒店创新测量方法。奥尔菲拉等（Orfila-Sintes et al., 2005）通过对巴利阿里群岛酒店企业的实证研究得出酒店创新可理解为一种知识扩散的过程，对其产生影响的酒店内部因素有：规模、酒店星级水平、是否连锁经营、酒店管理模式、旅游经销商的分销行为和酒店的差异化经营战略等。

基于以上研究不难看出，尽管用传统创新研究的逻辑来观察旅游创新活动存在诸多弊端，但针对制造业创新研究的基本理论仍然对旅游创新研究存在影响（Sundbo et al., 2007）。此外，以上研究表明旅游业中的不同部门（旅行社、酒店、景区等）在是否存在创新、创新的程度等方面也存在差别（Sundbo et al., 2007）。因此，我们在对旅游企业创新活动进行研究时，有理由和必要针对不同部门分别进行，接下来我们将针对酒店部门的创新影响因素研究进行综述。

（1）酒店企业规模

科恩和勒万（Cohen & Levin, 1989）两位学者提出了规模因素对企业创新活动的影响作用。但对于不同行业而言，规模因素对创新的影响作用存在很大的异质性，例如，有学者经过研究发现在服务业和制造业中规模因素对创新的影响作用存在差异（Brouwer & Kleinknecht, 1997）。从现有的经验研究可以看出，规模因素对企业创新所起的作用既可能是积极的（规模经济对创新活动的影响），也可能是消极的（企业经营的灵活性对创新的影响）（Brouwer & Kleinknecht, 1997）。

在酒店业中，由酒店设备、人力资本、建筑等产生的较高的固定成本使得酒店实现收支平衡的入住率水平较高，从而影响到酒店用于创新的经费和能力。从酒店创新的经验研究来看，酒店规模与酒店的创新活动具体正向的相关性（Birgit Pikkemaat & Mike Peters, 2005; Joan. B. Garau Vadell & F. Orfila-Sintes, 2008; Volo, 2004）。

（2）酒店企业的星级水平

酒店的星级水平在一定程度上反映其提供产品/服务的水平和复杂程度（Orfila-Sintes et al., 2005）。我们可以从酒店创新能力的内生性和外生性两个侧面来分析酒店创新能力所起的作用。正如哈拉格尔等（Hjalager，2002；Pikkemaat，2005）在研究中指出，高级别的酒店提供的服务种类较多，与之相对应的硬件设备、组织结构更加复杂，有利于创新活动的产生，亦即从内生性的角度解释星级水平对酒店创新能力所起的作用；此外，哈拉格尔（Hjalager，2002）指出通过对不同类型的酒店进行比较可以解释不同酒店的创新行为，即所谓的从外生性的角度解释星级水平对酒店创新能力所起的作用。

（3）酒店人力资本

酒店提供产品/服务的特性之一就是生产和消费的同时性，员工参与到了酒店为顾客提供产品/服务的过程中，因此，很多学者在对酒店创新的研究中，注意到了员工所起的作用。现有的针对酒店创新的经验性研究，如对酒店经理进行的访谈（Ottenbacher & Gnoth，2005）和对酒店创新活动影响因素进行的研究（Ottenbacher et al.，2005）等，都验证了员工在酒店创新过程中所起的积极作用。其中，格诺特等（M. Ottenbacher & J. Gnoth，2005）强调战略性人力资源管理在酒店创新中的重要作用。组织的资源基础观强调组织的内部资源，而与其他内部资源相比，人力资本不仅是创造价值的源泉而且不容易被复制或获取，因此，格诺特等（M. Ottenbacher & J. Gnoth，2005）认为拥有高素质人力资本的酒店能更好地进行创新活动，通过创新来灵活地适应不断变化的市场需求。此外，笔者在进行访谈的过程中发现，大部分酒店经理都强调了员工素质对酒店创新能力的积极作用。

（4）酒店企业家精神

彼德斯等（Pikkemaat & Peters，2005）认为企业家的素质和态度对酒店的创新活动起着重要作用，而且大多数酒店企业家都意识到了创新对企业生存、发展的重要意义。具体地说，对企业创新活动影响最为明显的不是企业家的年龄、受教育程度，而是企业家的从业经验以及企业家所处的社会背景和心理状况等因素。另外，盖茨等（Getz & Carlsen，2005）指出企业管理者在旅游企业经营过程中控制和监控整个决策的过程，且格里尔等（Damanpour，1996；Guerrier & Deery，1998；Delmas，2002；Joan & Orfila-Sintes，2008）研究都指出企业家的态度会在很大程度上对酒店创新等战略决策和行为产生影响。此外，笔者在访谈过程中发现，有着国际连锁型酒店/当地大型酒店、大学/科研机构等工作经验的酒店企业家，态度更倾向于支持酒店创新。

（5）酒店内部授权

酒店内部授权是指酒店管理者在日常工作中通过为下属提供更多的自主权，以达到组织目标的过程。格诺特等（J. Gnoth & M. Ottenbacher，2005）认为管理者允许员工在自己的工作范围内自行解决问题，在一定程度上是对员工信任的表现，实际上是管理者将责任部分地转移给了员工，从而使员工可以充分发挥其主观能动性，这样的酒店更容易成功地实现创新。笔者在访谈过程中，有些酒店经理也指出在类似于酒店业的服务性行业中，适当地授权不仅是企业管理者智慧的表现，而且对于企业来说是不可避免的。员工需要灵活地针对不同的顾客需求来提供相应的产品/服务，从而有效地满足顾客的需求。

（6）酒店经营战略

经营战略对企业创新的影响作用研究起源于熊彼特（Shumpeter，1934）。从他对创新活动的解读可以提炼出创新活动的三个决定性因素：由科学研究带来的新兴技术、企业家精神，以及企业的战略性决定。在此之后，蒂斯等（Teece，1987；Kanter，1989；Nystrom，1979，1990；Porter，1990；Rumelt，Schendel& Teece，1994；Sundbo，1995）在熊彼特理论的基础上对企业战略性创新进行了研究。颂波（Sundbo，1997）将其称为战略性创新范式，因为该类研究都强调企业的战略决策是企业创新的重要决定因素。

具体地，颂波等（Sundbo & Gallouj，2000）在对服务创新的研究中指出，服务企业在与对手竞争过程中所采取的差异化战略将影响其物质资源的投入、服务/产品的提供方式、组织和流程的管理方式等，当然，也会对企业的创新决策产生影响。凯利等（Kelly & Storey，2000；Hollenstein，2001）的研究认为企业针对目标细分市场的差异化经营与企业的创新能力之间存在显著的正相关关系。此外，访谈结果显示，酒店很多创新活动是在酒店差异化经营过程中实现的。

2.3.2　网络层面的酒店创新研究

科里亚和温斯坦（Coriat & Weinstein，2002）在研究中发现"单个企业—创新体系"之间存在中间维度，通过理论推演得出该中间维度便是创新网络（Innovative Network）。颂波等（Sundbo et al., 2007）将网络概念界定为：在企业运营过程中通过有形或无形资源的转移而形成的与外部组织的正式或非正式的联系。学者们对网络在企业创新过程中所起的作用进行了研究，研究表明网络不仅有利于企业间创新知识的转移（Knowledge Transfer）（Dyer & Singh，1998），而且有利于企业向其他组织学习，并开发新产品（Fischer, 1999；Holmen et al., 2004）。根据创新网络理论，不同类型的网络结构对企业创新行为的影响不同，从网络中各主体联系程度的强弱来看，网络可分为强关系网络和弱关系网络。强关系网络中，相互联系的主体能够有效地促进彼此的信任和深度合作，从而获得更多的专业化知识，促进企业实现渐进性创新，如现有产品/服务的逐渐改变；而弱关系网络能够提高联系主体间互动内容的丰富性，可保持网络关系动态演进的弹性，促进企业实现变革性创新，如新产品/服务的引进等

（Håkansson & Ford，2002）。对于许多产业而言，将两种结构类型的网络结合起来有利于企业实现创新（Rowley et al., 2000）。

有学者提出服务创新主体间的联系非常薄弱，因为创新过程中所涉及技术的复杂性决定了有技术含量的创新是难以模仿的，而很多服务创新并没有包含先进的技术，因此易于模仿（Sundbo，1998；Boden & Miles；1999）。针对旅游企业而言，旅游企业很难将其创新活动进行保密，更难以将其创新成果申请专利保护（Poon，1993），而旅游创新行为的这种易模仿性削弱了旅游企业进行合作的动机，但这并不意味着创新不存在于旅游业中。颂波和加卢（Sundbo & Gallouj，2000）提出了一个更为开放的创新模型，该模型认为服务企业的创新依然受外部因素的影响，并将这些外部因素划分为行为者（Callon et al., 1992）和轨道（Dosi，1982）两大类，这些因素对服务创新过程产生影响，但它们彼此间的关系是相对松散的。颂波等（Sundbo et al., 2007）认为该服务创新驱动力模型适合于对旅游企业创新活动的分析。因此我们有理由认为，虽然创新成果的易模仿性削弱了旅游企业间合作的动机，但创新网络依然存在，且旅游创新网络一定程度上属于弱关系网络。从空间视角来看，创新网络存在空间上的集聚现象，如有些创新网络存在于产业集群内，产业集群内各主体的空间临近性为其通过面对面的交流实现隐性知识的转移提供了便利（Maskell & Malmberg，1999）。但是，有些学者认为这种本地化的创新网络仅仅有利于渐进性创新活动的实现（Capello，1999），而只有与非本地化的创新网络合作，才能为企业提供充足的外部信息和学习机会，从而使企业在变化莫测的外部环境中始终立于不败之地（Oinas et al., 1999；Sørensen，2004）。对于旅游业而言，这种网络不仅包括旅游目的地层面的本地化网络，还包括非本地化网络（Milne & Ateljevic，2001），因此，颂波等（Sundbo et al., 2007）指出旅游企业应该整合本地创新网络和非本地化创新网络二者各自的优势，从而提高自身的创新能力。根据各种网络关系的结构和所涉及关系主体的不同，不同的网络关系为企业提供不同的利益（Tremblay，1998；Sørensen，2004）。然而，有学者指出本地化网络和非本地化网络在多大程度上存在于旅游业仍有待商榷（Sørensen，2004），但很少有学者对该问题进行实证研究。

2.3.2.1　旅游目的地视角下的酒店外部网络

从旅游目的地层面来看，这种创新网络主要是由旅游企业间存在的以下几种关系构成：相同旅游部门内的竞争者间的联系，如酒店部门的不同酒店企业间的联系；不同旅游部门间的互补性企业间的联系，如酒店与景区、旅行社、餐饮等其他互补性旅游企业间的联系；旅游企业与其供应商的联系，如酒店与客房用品供应商的联系（Sundbo et al., 2007）。

（1）供应商与酒店创新

西里利和埃万杰利斯塔（Sirilli & Evangelista，1998）在对服务部门进行经验研究的基础上得出，除了那些特定的知识密集型服务企业（如信息通讯业）外，服务企业的创新活动主要是通过从供应商购买设备、原材料等途径发生的。该命题在国外酒店创新研究中得到了验证：颂波（Sundbo，1997）在对金融业、旅游业和管理咨询业的调查研究中发现，这些服务企业的创新并不是以科技研发为基础的，很多服务创新都是基于与供应商的合作而进行；沃罗（Volo，2004）也指出酒店中的大部分创新是通过采用供应商提供的信息、技术和设备等实现的；哈拉格尔等（Hjalager，2002；Pikkemaat & Peters，2005）都认为酒店的创新行为在一定程度上属于供应商驱动型，即酒店中的创新并不是开发一种全新的产品，而是采用来自供应商的创新成果。

（2）竞争者与酒店创新

在各种市场因素中，竞争者是影响企业创新的关键因素之一。很多学者认为企业在与竞争者的激烈竞争中会逐渐提高其创新能力（Weiermair，2005）。全球化和自由化进一步加剧了企业间的竞争。在与竞争者的竞争中，旅游企业萌发了很多过程创新（如网络化、预定和收益管理系统等）活动，维尔玛尔（Weiermair，2004）认为这些创新活动与产品创新相比更容易被竞争对手模仿。因此，有必要对竞争者与酒店创新能力的关系进行深入研究。

（3）顾客与酒店创新

服务管理理论（Normann，1991；Eiglier & Langeard，1988；DeBandt & Gadrey，1994）强调服务企业针对具体顾客的需要提供个性化服务（Sundbo，1994a），按照该理论的逻辑，在服务企业中的一线员工可能会针对顾客的特殊问题采取一种新的具有针对性的解决办法。诺曼等（Normann，1991；Eiglier & Langeard，1988）认为在服务创新过程中顾客的参与性应该更强。服务创新的整个过程都包含有顾客参与，顾客的行为、态度和能力对服务创新有显著影响。颂波等（Sundbo，1997）认为顾客应该是服务企业创新思想的核心来源，其案例研究结果表明顾客为创新思想的产生提供灵感，但能否将其发展为创新活动取决于企业员工和管理者。

有学者认为顾客导向在服务创新中起着根本性的作用，酒店可以在向顾客提供服务的过程中获得创新思想和创新概念来源（K. Weiermair，2004）。普赖斯（Preissl，2000）认为企业的创新能力与顾客对该企业的忠诚度有关，指出顾客的忠诚度越高，酒店的创新能力越强，之后，彼德斯等（B. Pikkemaat & M. Peters，2005）在研究中证实了该命题。奥尔菲拉等（F. Orfila-Sinte & J. Mattsson，2009）从旅游动机、酒店预订的方式和所订购酒店服务的丰富性三个维度分析了顾客行为对酒店创新的影响。

（4）其他组织机构与酒店创新

韦尔梅尔（Weiermair，2003）指出了企业与社会网络中各种机构（高等院校、专门研究机构、行业协会、金融或培训机构等）的交流与合作在企业创新过程中所起的重要作用。哈金斯等（Huggins，1998；DTI，1997）认为行业协会为企业创新提供了企业间信息交流的平台和服务，并帮助企业间实现合作创新。企业增加与其所处的社会网络中的社会组织的交流将有利于企业进行创新活动。而对酒店企业来说，根据韦尔梅尔（Weiermair，2004）的研究，高等院校、研发机构、金融机构和培训组织等在一定程度上都对酒店创新起积极作用。

2.3.2.2　非本地的酒店外部网络

颂波等（Sundbo et al.，2007）指出，对旅游企业而言，非本地的创新网络主要包括以下几方面：（1）连锁经营的关系或旅游企业从属于大型集团；（2）不同旅游目的地旅游企业间的联系；（3）旅游企业与其在异地的分销机构间的关系。针对酒店创新的研究，学者们更多地关注酒店通过连锁经营的关系或旅游企业从属于大型集团而形成的创新网络。

奥尔菲拉等（Orfila-Sintes et al.，2005；Jones，1999）研究指出，酒店业中的所有权和经营权往往是分开的：一种是将酒店租给专业化的酒店管理公司经营管理；另一种是酒店所有者通过合同管理或特许经营合同的方式经营。酒店的创新行为作为酒店运营过程中的一系列决策势必会受到酒店组织结构的影响，尤其是酒店所有权结构和经营的独立性等因素。这与塞瑞里等（Sirilli & Evangelista，1998）的观点一脉相承，认为组织结构会对企业的创新行为产生影响。琼斯等（Jones，1999）学者在研究中指出酒店的经营方式一定程度上反映了酒店业组织所有权和管理结构的多样性，而这些因素对企业的创新决定会产生一定影响。戴维斯等（Davies & Downward，1996）也指出与独立经营的酒店相比，其他一些从属于连锁经营的酒店集团或多元化经营的大型企业集团的酒店，创新能力要更强，戴维斯（Davies，1999）分析其原因在于，这些连锁经营的酒店从属于某一大型企业集团的酒店，不仅有机会获得更多的知识和信息资源，而且这些酒店拥有更强的用于创新的投资能力（Getz & Carlsen，2005）。

2.3.3　研究评述

回顾前人的相关研究发现，作为一个崭新的领域，酒店创新研究仅处于起步阶段，虽然相关研究取得了一定进展，也开拓了分析酒店企业运营、发展的全新视角，但仍存在以下不足。

2.3.3.1   缺乏将外部网络与酒店企业创新相联系的酒店创新影响因素的深入研究

现有研究关注外部网络层面和酒店企业层面的酒店创新，而很多实证研究仅仅对酒店创新的内、外部影响因素进行识别和简单罗列，缺乏对外部网络和酒店企业创新间互动机制的研究，没有形成涵盖网络层面和企业层面的理论体系。一方面，多数相关研究直接对酒店内部因素和外部网络对酒店创新的影响进行分析。虽然已有学者关注到外部因素对酒店创新的重要作用，但这些研究将酒店企业看作一个"黑箱"，忽视了这些因素对酒店创新具体影响机制的深入分析，因此难以解释为什么外部环境类似的酒店却获取了不同程度的创新，为什么外部环境并不有利的酒店却能更有效地进行创新，为什么不同学者对酒店业创新影响因素的分析不能得出较为一致的结论；另一方面，虽然一些关于酒店创新的研究考察了酒店外部因素（例如，Vadell & Orfila-Sintes，2008；Volo S.，2005；Weiermair，2004）对酒店创新的影响，但并未将这些网络层面的因素与企业层面的因素相联系，系统地对酒店创新的机理进行研究。实际上，创新网络是酒店进行创新活动的环境和条件，处于创新网络层面的这些外部因素需要通过内部因素对酒店创新产生影响，因此，构建"创新网络—酒店企业创新"分析框架，将外部网络层面和酒店企业层面的各因素联系起来，并对各因素对酒店创新的作用机理进行多维度剖析，对理论和实证研究而言意义重大。

2.3.3.2   缺乏酒店企业创新对酒店绩效影响的研究

通过文献综述不难发现，现有关于酒店创新的研究大都是从创新经济学的视角对酒店企业的创新活动进行剖析，其关注焦点在于酒店企业的创新过程如何，哪些因素对酒店创新产生影响，服务创新理论在酒店企业创新的适用性等问题。但是，酒店企业为什么要进行创新？酒店创新对酒店企业绩效的影响机制如何？虽然一些学者在研究中提到酒店企业进行创新的必要性和意义（如Vadell & Orfila-Sintes，2008），但尚未有学者通过经验性研究证实酒店创新对酒店绩效的积极作用。

2.3.3.3   结合中国酒店企业实际对酒店创新影响因素与效应的定量研究尚属空白

酒店创新的相关研究是从西方国家开始的，国内对酒店创新的研究尚属起步阶段。一方面，西方酒店创新理论在我国的适用性仍需通过实证研究进行检验；另一方面，为揭示我国酒店企业创新活动的一般规律，有必要结合我国酒店现状对其是否进行创新、如何创新、创新作用机制等问题进行实证研究，从而提炼出符合我国本土化国情的酒店创新理论，为酒店企业经营管理、相关部门制定政策提供理论依据。

第3章 酒店创新影响因素与效应的质性研究

本章研究内容主要分为三部分：首先，在第二章文献综述的基础上，针对酒店创新影响因素及效应等问题，采用基于行为事件的访谈方法（Behavioral Event Interview）展开本部分的定性研究；其次，通过对访谈资料进行编码，提炼出影响酒店创新的关键变量及其结果变量——企业绩效，并对各关键变量之间的逻辑关系进行分析；最后，构建酒店创新影响因素与效应的初始概念模型和研究命题。

3.1 质性研究的必要性及研究路径选择

3.1.1 本研究进行质性研究的必要性

在建立概念模型之前，本章首先进行了相关的质性研究，这样做的原因可归纳为两点。

（1）酒店创新研究尚属起步阶段，大部分相关文献来自国外学者的经验性研究，其中以酒店创新影响因素的研究最为常见，但其结论并不完全统一，难以形成普遍适用的理论。国内尚且没有酒店创新的相关研究，而针对酒店创新影响因素的研究更是几近空白。这使得我们很难完全依靠文献来建立研究模型，因为即便我们能够完全通过现有的服务创新理论推演来构建酒店创新影响因素与效应的概念模型，这个模型的有效性仍需实践来加以佐证。一方面是因为对此问题目前还缺乏针对我国酒店创新的研究，我们没有可以借鉴的前期研究；另一方面的原因在于创新经济学和酒店创新管理的研究问题需与实践相结合，掌握酒店企业中关于这个研究问题的实际情况。因此，将文献调研和质性研究二者结合起来，从而提出本研究的概念模型，是较为科学、合理的研究途径。

（2）通过对酒店创新活动进行质性研究，从现象出发归纳分析资料和形成主要研究命题，从而识别影响酒店创新的关键变量，并分析各变量间的相互作用机制，以便进一步构建酒店创新影响因素与效应的概念模型。因此，在文献综述的基础上进行质性研究，有助于构建本研究的概念模型并提炼出本研究的主要命题。

3.1.2   质性研究途径选择

在文献综述部分，可以看到已有关于酒店创新的研究主要运用案例研究、调查问卷等方法（Martin, 2004；Siguaw, Enz, & Namasivayam, 2000；Sundbo, Orfila-Sintes, & Sørensen, 2007）。而在进行定性研究时，可以采用的方法除上面提到的案例研究之外，还有半结构性访谈、行为事件访谈、偶然性事件法、扎根理论方法等（Man T. W., 2001）。我们应该按照什么样的标准来选择研究方法？关于研究方法选择的标准可归纳为以下几方面：（1）参考关于研究方法的相关文献；（2）能够找到使用这种特定研究方法的例子；（3）可以得到演绎或归纳的可信度、有效性及其他统计量的理想结果；（4）该方法可被广泛接受；（5）使用该方法的成本（Bird, 1995）。但是，采用某些研究方法虽然可以得到较好的研究效果，但在具体研究中难以展开。例如，扎根理论研究方法要求研究者在实际的工作环境中进行观察，是研究酒店企业创新行为的一种很有效的定性研究范式，但在实际研究中受到时间和成本的限制，且很难有相关企业进行合作，所以需要考虑采用其他替代性方法来间接性地获取相应的信息。本研究采用基于行为事件的访谈方法（Behavioral Event Interview）来展开本部分的定性研究，采用该方法的原因有以下几点：（1）现有的采用该方法的研究表明，该方法具有可信度、有效性及通用性（Pikkemaat & Peters, 2005；Sundbo, Orfila-Sintes, & Sørensen, 2007）；（2）采用该方法可以确保本研究围绕一个明确的主题，在有限的时间和成本范围内，获取尽可能多的信息；（3）该研究方法允许研究者与受访者进行相对开放的交流，从而有利于研究者获取有意义的研究资料。

3.2   研究设计

3.2.1   研究问题

《国务院关于加快发展旅游业的意见》提出要深入贯彻落实科学发展观，强调要转变发展方式，提升发展质量，实现速度、结构、质量、效益相统一。创新已经成为当前我国酒店产业发展的重要动力，也是包括酒店在内的旅游产业转型升级的战略方向和重点任务。酒店创新不仅关系到酒店产业结构的优化升级，更是我国酒店业培育国际竞争力的关键，这是一个具有重大实际意义的课题。那么，酒店企业的创新活动现状如何？影响酒店创新的关键因素有哪些？这些因素是如何对酒店创新产生作用的？遗憾的是，现有的理论并未对这些问题进行系统性的分析与探讨，不能为酒店企业实践和相关部门政策制定给出具有指导意义的管理对策与建议。

　　本研究以酒店创新活动为研究对象，在文献综述提炼出酒店创新影响因素的基础上，通过本章质性研究，首先，检验国外文献中涉及的影响酒店创新的因素是否适用于我国本土酒店企业，并根据访谈内容归纳提炼出适用于我国本土酒店企业创新活动的影响因素；其次，在因素识别的基础上，通过对访谈内容的分析，对关键因素如何影响酒店的机理问题进行归纳总结；最后，根据研究结果构建酒店创新影响因素与效应的概念模型，提出后续研究的核心命题。

3.2.2　界定访谈样本范围与访谈对象

　　本研究在选择受访对象时，主要考虑了以下几方面的因素。

　　（1）地域的选择：在确定受访者的地域性时，我们选择大连市酒店作为本研究所需样本的调查范围，其原因在于，一方面大连作为沿海旅游城市，酒店业态发展充分且具有代表性；另一方面考虑到取样的便利性，本研究者在大连生活、学习多年，在该地通过朋友、熟人关系联系到特定受访者的可能性较高。

　　（2）酒店星级的选择：该定性研究的主要目的是检验并完善现有文献中提及的酒店创新的影响因素并对其作用机理进行分析，因此，当我们选择某一受访者做访谈时，其实我们已经假设该受访者所在的酒店存在创新活动。已有研究表明，高星级酒店的创新能力明显高于低星级酒店（Orfila-Sintes, Crespi-Cladera, & Martinez-Ros, 2005；Hjalager A. M., 2002；Pikkemaat & Peters, 2005）。为了更好地阐释酒店创新活动，我们尽可能地选择了那些高星级酒店的中高层管理者进行访谈。值得指出的是，选择高星级酒店作为调查对象与实证检验得出普遍适用的酒店创新理论二者并不矛盾。因为该部分仅仅是在大规模实证检验之前对现有文献中提及的理论进行提炼和完善，选择更有可能有较高创新能力的高星级酒店作为样本有助于更好地阐释酒店创新活动。

　　（3）酒店员工的选择：创新活动很大程度上与企业战略决策相关（Sundbo, 1997），因此本研究选择酒店中对企业战略决策最为了解的中高层管理者作为受访对象。

　　基于此，本书选择了 13 位酒店中高层管理者作为访谈对象（具体信息参见

表 3-1 对受访者基本信息的描述）。在进行每一场访谈之前，研究者都提前将访谈的主题和大致内容告知受访者，而在访谈正式开始的时候，研究者会将本研究的主要目的和需要解决的问题告知受访者，这样不仅给受访者留出思考和整理的时间，而且可帮助受访者有针对性地回答半开放性的问题。由于这 13 位受访者都是通过研究者认识的同学、朋友关系取得联系，因此在整个访谈调研过程中受访者们都很配合。

3.2.3　设计访谈提纲

在进行调研之前，针对要访谈的主要内容，需要根据研究目的进行梳理和筛选。本书在设计形成了访谈提纲的初稿后，与创新经济学和酒店管理等领域的研究者进行了多次交流和讨论①，并请本人的三位好友（酒店中高层管理者和酒店人力资源研究者）帮忙审阅和修改②，尽量减少由于个人的片面理解或表述不当导致某些研究内容在访谈中产生歧义或被遗漏情况的发生，以期提高访谈的有效性和科学性。

在访谈正式开始前，研究者会向受访者介绍访谈的目的和主要内容，为了有效地获取信息，在交谈过程中研究者会向受访者就研究中的核心概念进行简单介绍和解释（如酒店创新、产品/服务创新、过程创新、市场创新、组织创新等）。然后，从受访者所在酒店的总体经营情况和受访者所在岗位的工作概况谈起。之所以要从受访者的工作情况这一起点开始，一是受访者本身的工作是其最了解、最有谈资的内容，受访者一般都比较乐意与人交流这些经历，这样有利于访谈内容的展开；二是在与受访者谈的过程中，访谈者可根据研究目的和访谈大纲，有针对性地提出问题，更快地切入主题。例如：

- 您目前所在酒店的大致情况是什么样的？运营状况如何？主要客源市场是什么？
- 您在贵酒店主要负责哪方面的业务？

在了解酒店总体经营情况及受访者的工作情况之后，有针对性地询问酒店是否有进行过一些创新活动，其中包括酒店产品/服务创新、市场创新、组织创新和过程创新四大类，根据研究者对各种创新活动概念的简单介绍，鼓励受访者有针对性地采用酒店中发生的例子进行详细说明。比如：

- 贵酒店为丰富酒店产品/服务的内涵，提高酒店提供产品/服务的质量都

---

① 在准备本研究的访谈提纲阶段，本人正在香港理工大学酒店与管理学院学习，感谢该学院博士研究生们及本人导师宋海岩教授对访谈提纲提出的宝贵意见。

② 这三位分别是大连新世界酒店市场销售部助理许蓓蓓、香港尖沙咀香格里拉酒店迎宾部负责人陈乐乐和香港理工大学酒店与旅游管理学院博士研究生 Rose Chen，特此对三位表示感谢。

采取了哪些措施？

　　• 贵酒店为提高酒店运营效率、提高酒店所提供产品/服务的连贯性和灵活性方面采取了哪些措施？

　　• 贵酒店为提高酒店内部信息和知识的交流学习、提高组织运营效率而对酒店组织结构或管理方式是否进行过重大调整或变革？

　　• 贵酒店是否有采用新型的营销方式或对现有营销方式进行重大调整？是否将新的细分市场作为目标市场？

　　在受访者针对各类酒店创新通过举例来进行详细说明的过程中，研究者就影响酒店创新的主要因素向受访者提出更具体的问题。比如：

　　• 就您所提到的这些酒店创新活动而言，您认为哪些因素可能影响酒店创新效果？为什么？

　　• 您是如何看待我所列举的这些影响酒店创新活动的因素的？为什么？酒店创新影响因素列举如下：

　　① 供应商（如酒店管理信息系统供应商、酒店客房用品供应商等）；

　　② 竞争者（本地同星级酒店、本地高星级酒店、异地高星级酒店等）；

　　③ 顾客（商务型顾客、度假型顾客、常住顾客等）；

　　④ 政府规制（旅游局、卫生部门等）；

　　⑤ 行业协会（酒店行业协会、酒店星级评定、旅游行业协会等）；

　　⑥ 酒店拥有的高素质人力资本（拥有丰富从业经验的员工、拥有高学历的员工等）；

　　⑦ 酒店总经理（对待创新的态度如何、从业的工作经验、授权程度）；

　　⑧ 酒店运营过程中运用信息与通讯技术（ICT）的程度如何，ICT 对内部信息传递、酒店与外部主体联系所起的作用如何。

　　在访谈中研究者会有针对性地问受访者有关酒店创新过程中所需知识来源的问题。比如：

　　• 贵酒店是通过何种方式获得酒店外部知识的？

　　• 您认为贵酒店在运营过程中是如何提升整个酒店利用新知识的能力的？

　　• 您认为贵酒店是否有建立起识别、获取、吸收、利用新知识的内外部机制？

　　访谈提纲并不是一蹴而就的，整个提纲是研究者根据本研究的主要目的在访谈过程中对随时发现的问题进行不断完善而逐步形成的，在每次访谈结束后研究者都会就访谈内容进行调整和补充，以确保后续访谈的有效性和合理性。

3.2.4　访谈过程与受访者情况

自 2011 年 3 月到 2011 年 6 月,研究者通过同学或朋友关系联系到 13 位酒店中高层管理者进行了半结构访谈,以确定酒店创新活动的具体实践情况,基于此对国外酒店创新研究的概念模型进行本土适应性检验。受访者具体的来源是:五星级酒店的总经理 1 位、部门经理 1 位、行政管理人员 3 位,四星级酒店的驻店经理 1 位、部门经理 5 位、行政管理人员 2 位,共 13 位。受访者都是各酒店的中高层管理者,是各自酒店管理团队的重要成员。根据文献综述得出的重点内容,本书有针对性地就影响酒店创新的内外部因素,以及这些因素如何影响酒店创新的机制问题提出了开放式问题,以了解酒店创新的实践情况,明晰酒店创新活动发生的机制和关键的影响因素。在访谈前,研究者告知受访者,访谈的目的和意义,强调该访谈对本研究的重要性。在征求受访者的意见后,每次访谈均进行了全程录音,并就受访者提到的关键内容进行了详细的记录,时间控制在 1.5~2.5 个小时。13 位受访者的基本情况如表 3-1 所示。

在 13 位受访者中,女性管理者不到半数,且学历均在本科以上,所处岗位以行政管理人员为主。从年龄结构来看,参与本访谈的酒店女性管理人员普遍在 30 岁左右,而男性管理人员的年龄从 32 岁~51 岁不等。

表 3-1　受访者情况列表

姓名	年龄	性别	学历	职务	所在酒店的星级水平
鲁××	42	男	专科	部门经理	四星
刘 1××	45	男	专科	部门经理	四星
曹×	33	男	本科	行政管理人员	五星
李××	37	男	专科	驻店经理	四星
张××	43	男	专科	部门经理	四星
谢××	51	男	博士	总经理	五星
朱×	31	女	本科	部门经理	四星
刘 2××	32	男	本科	行政管理人员	四星
李×	30	女	硕士（海外）	行政管理人员	五星
王××	38	男	专科	部门经理	四星
姜××	28	女	本科	行政管理人员	四星
李××	41	男	专科	部门经理	五星
许××	29	女	硕士	行政管理人员	五星

3.2.5　访谈资料分析方法

访谈结束后，我们将访谈录音和访谈笔记等相关资料进行整理。为了从这些访谈资料中提炼出与本研究相关的概念和理论模型，我们需要对访谈内容进行客观的结构化分析。本书选用内容分析法分析访谈内容，一方面，内容分析法是一种十分重要的基于定量分析技术的质性研究方法，且已在社会科学研究的许多领域得到应用（Kolbe & Burnett，1991）；另一方面，该研究方法是一种对文献资料内容进行规范研究的方法，可将大量文献、资料的信息有序地、量化地表达出来，且能降低分析过程中的主观性和倾向性（陈维军，2001）。

在具体分析过程中，本研究通过编码的方式对访谈资料进行深入分析。在此，本研究借助 Nvivo 8.0 软件工具对资料进行转化和编码分析。根据访谈资料的类型，首先，我们将文本信息，即书面记录的访谈资料直接导入 Nvivo 8.0 进行分析；其次，我们将另一类录音资料导入 Nvivo 软件，通过该软件的转化功能将其内容转化为文本格式；最后，对录入软件的资料进行逐一核对（由于本研究的访谈对象数量并不多，因此对该部分资料进行的核对工作比较方便）。整个编码过程严格按照施特劳斯和科尔宾（Strauss & Corbin，1998）提到的三步骤进行，即开放式编码（Open Coding）、主轴编码（Axle Coding）和选择编码（Selective Coding）。

3.3　访谈结果分析

3.3.1　开放式编码（Open Coding）

开放式编码是将访谈资料"分解"、"揉碎"、"比较"、"检视"和"重组"，发掘其中的概念，并将概念进一步聚敛成为范畴的过程。在这个过程中，为确保提炼的概念和范畴的准确性，还需界定范畴的性质及各性质的属性（王世权等，2009）。

3.3.1.1　概念的抽取

首先，本书针对 13 份访谈资料，进行逐行逐段的分解，以意义段落为单元（所谓意义段落是指具有完整意义或相同意义的段落而非自然段），将原始资料分解为一件件独立的事件；其次，对每个意义单元所指示的现象赋予概念，并将很多在意义上存在重复或重叠的概念进行合并，例如，"其他五星级酒店""其他外资五星级酒店""开发区的四星级酒店"等概念合并为"同星级的其他酒店","酒店总经理鼓励管理层提出产品/服务创新的意见""老总在开会时经常跟我们强调酒店产品/服务的更新换代和质量提高"等都合并为"酒店总经理对待创新的态度","酒店厨师是从南方五星级酒店招聘过来的""酒店西餐厅厨师在国外工作过"等都合并为"酒店厨师的经验",等等。最终从资料中得到所有概念,如表 3-2 所示。

表 3-2　酒店创新影响因素的开放式译码

编码	范畴	范畴性质	概念
1	供应商	供应商类型 与供应商的联系	酒店客房一次性用品的生产商、为酒店提供信息系统支持的软件公司、酒店餐饮部门的餐具生产商、酒店硬件设备供应商、酒店提供人性化服务所需设备的供应商(加湿器、纪念品)、酒店网站及宣传册设计公司
2	酒店企业家精神	企业家精神类型 对待创新的态度	酒店总经理对待创新的态度、酒店总经理的性格倾向、酒店总经理的人格特质
3	竞争者	与竞争者的联系 竞争程度	同星级的其他酒店、不同星级的酒店、不同地域的酒店(南方、北方)、激烈的竞争
4	酒店人力资本	员工受教育程度 员工的工作经验	酒店厨师的经验、酒店一线员工、酒店行政管理人员、资格证、大专以上学历、酒店管理人员的工作经验、员工技能
5	顾客需求	顾客需求类型 顾客需求多样化程度	商务型顾客需求、度假型顾客需求、顾客对酒店服务的人性化的需求、顾客对酒店硬件设施的需求、顾客对酒店提供服务的敏捷程度的需求、顾客对酒店解决具体问题的效率需求、需求变化快
6	酒店组织管理	连锁经营 授权程度 酒店战略导向	酒店管理人员对下属的授权、酒店的经营战略导向、大型酒店集团、连锁经营、外资参与、大型企业集团下属、一线员工处理问题的自主性、匿名信、酒店管理公司
7	互补性旅游企业	互补性旅游企业类型	旅行社、景区、旅游分销网站(携程、艺龙等)、旅游垂直搜索网站(去哪儿、酷讯等)

续表

编码	范畴	范畴性质	概念
8	知识密集型企业（Knowledge-intensive Business Service，KIBS）	知识密集型企业类型	旅游高等院校、酒店咨询公司（HVS 优尼华盛、浩华）、软件公司、酒店法律咨询公司、酒店项目管理公司
9	知识转化	酒店进行相应活动的方式和程度	酒店内部跨部门交流、员工培训、轮岗、酒店员工对新事物的理解、酒店内部信息管理系统、员工参与决策
10	酒店物质资源	酒店规模 酒店营业时长	酒店大堂面积、酒店客房类型（商务楼层、行政楼层）、酒店宴会厅功能、酒店餐厅分区（西餐、中餐）
11	知识获取	酒店进行相应活动的方式和程度	顾客需求信息收集、关注竞争者动向、关注市场变化、流失顾客的信息反馈、酒店公关部门、扫楼
12	酒店营销创新	创新程度	顾客忠诚度计划、会员管理、酒店宣传资料更新换代、酒店店徽、店旗、店色的更换、酒店网站的升级、新细分市场的开发和进入、特许经营、网络销售、分销许可、市场定位的改变
13	知识消化	酒店进行相应活动的方式和程度	酒店员工会议、规章、制度、流程、沟通系统、酒店内部信息系统、沟通渠道、小道消息、酒店培训计划
14	酒店产品/服务创新	创新程度	烹饪方式的改进、附加产品制作工艺的引进（冰皮月饼的制作）、顾客定制服务、主题型客房、酒店的网络技术服务、附加产品（免费提供当地旅游景点的咨询等）
15	知识利用	酒店进行相应活动的方式和程度	快速模仿、装修风格、附加产品的提供（酒店销售月饼、汤圆、粽子等）、为酒店信息系统的更新换代提供意见、服务/产品质量、个性化服务、参与软件系统的维护、学习中不断改进
16	与外部知识源的联系	与外部知识源的联系程度	派厨师去别的酒店学徒、参加培训班、参观、参与咨询公司调查、合作、参加酒店设备及用品展览会、软件系统评估、酒店网站设置顾客反馈栏、维护忠诚顾客、媒体
17	酒店销售利润	酒店销售利润率水平	节能、饭店的能耗、规避风险、获取现金、利润结构、部门利润、各部门成本

编码	范畴	范畴性质	概念
18	酒店过程创新	创新程度	环保卡智能系统、自主入住系统、触摸屏、退房系统呼叫器、退房自动断电系统、信息系统优化升级、会计部门参与决策、采购部工作流程化、顾客信息平台
19	酒店入住率	酒店客人入住率水平	客房供不应求、淡季、旺季、实际入住客房数、常住公寓、爆满、预订率、空闲客房
20	酒店组织创新	创新程度	酒店部门整合、部门拆分、财务活动外包、外部采购、战略合作、联盟
21	顾客满意度	顾客对酒店的满意程度	表扬信、口碑、顾客推荐、网友评论、小费、宾至如归

资料来源：本研究整理所得。

3.3.1.2 范畴的发展

通过概念的抽取，对资料内容进行标识，从而得到复杂的概念群。在此基础上，为精简需要处理的概念数量，把看似与同一现象有关的概念进行聚类形成范畴、剖析范畴的性质。在概念抽取的基础上，进一步形成了供应商、酒店企业家精神、竞争者、酒店人力资本、顾客需求、酒店组织管理、互补性旅游企业、知识密集型企业、知识转化、酒店物质资源、知识获取、酒店营销创新、知识消化、酒店产品/服务创新、知识利用、与外部知识源的联系、酒店销售利润、酒店过程创新、酒店入住率、酒店组织创新、顾客满意度 21 个范畴，在对范畴进行界定的基础上，研究者进一步明晰了每个范畴的性质。表 3-2 是对访谈资料的典型高相关度编码进行开放式译码的过程和思路的描述。

3.3.2 主轴编码（Axle Coding）

虽然通过开放式编码我们将零散的访谈资料整理为一个个表征不同意义的范畴，但这些范畴意义较为广泛，范畴间的关系十分模糊，不利于我们对研究对象的理解和阐释。主轴编码是通过聚类分析将开放式编码后得到的这些范畴按照一定的线索建立关联，并分析各个范畴在概念层次上是否存在潜在的联结关系（陶厚永等，2010）。为了探析出各范畴间是否存在潜在的因果联系或脉络，我们针对以上部分提炼出来的范畴进行了逐一分析。通过主轴编码，本研究发现这些范畴之间的确存在一定的因果逻辑关系。根据这些因果关系，我们通过逻辑分析思路对其进行逐一归类，形成以下 5 大类的关系（参见表 3-3），之后继续在资料中搜索范畴之间的关系，并没有新的发现，根据测量"理论饱和度"的原则，主范畴关系已达饱和（谷慧敏等，2011）。

表 3-3 主轴编码

编号	关系类别	影响关系的范畴
1	酒店外部知识源	1-3-5-7-8-16（供应商—竞争者—顾客需求—互补性旅游企业—知识密集型企业—与外部知识源的联系）
2	酒店内部资源	2-4-6-10（酒店企业家精神—酒店人力资本—酒店组织管理—酒店物质资源）
3	酒店吸收能力	11-9-13-15（知识获取—知识转化—知识消化—知识利用）
4	酒店创新	12-14-18-20（酒店营销创新—酒店产品/服务创新—酒店过程创新—酒店组织创新）
5	酒店绩效	21-19-17（顾客满意度—酒店入住率—酒店销售利润）

资料来源：本研究整理所得。

主轴编码后得到的 5 大类关系是：（1）酒店外部知识源，具体地，酒店与竞争者、顾客、供应商、互补性旅游企业、知识密集型企业等主体进行联系和信息交流；（2）酒店内部资源，具体地包括酒店企业家精神、酒店人力资本、酒店组织管理和酒店物质资源；（3）酒店吸收能力，具体分为知识获取、知识转化、知识消化，以及知识利用；（4）酒店创新，主要包括酒店营销创新、酒店产品/服务创新、酒店过程创新和酒店组织创新四个方面；（5）酒店绩效，主要包括顾客满意度、酒店入住率和酒店销售利润三方面的内容。

我们对归纳出的关系和范畴继续发展，目的是通过运用"因果条件（Causal Conditions）→现象（Phenomenon）→中介条件（Intervening conditions）→行动/互动测量（Action/Interaction Strategies）→结果（Consequences）"这一编码典范模型将使用开放式编码所得出的各项范畴链接起来（王世权等，2009；Young et al., 2007）。通过对原始资料和概念、范畴的反复编码，我们将以上范畴和归纳出的 5 大类关系发展为逻辑链条，使得所有范畴及范畴间的关系形成了一个证据链。使用编码典范模型对酒店创新访谈数据进行主轴编码时，我们发现资料所支持的逻辑关系可明晰为两大主线，即分别从酒店外部知识源和酒店内部资源两大因果条件出发演绎的两条证据链，分别如图 3-1 和图 3-2 所示。

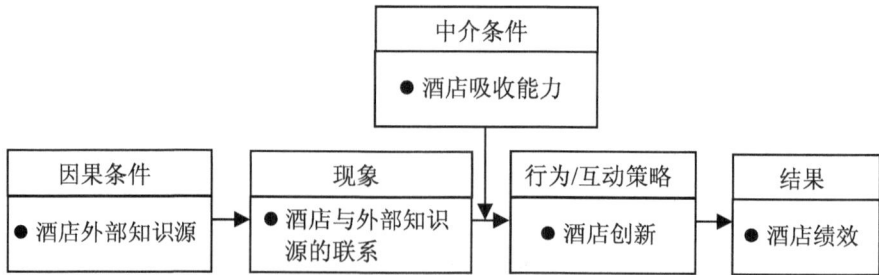

图 3-1　基于外部知识源的酒店创新编码典范模型

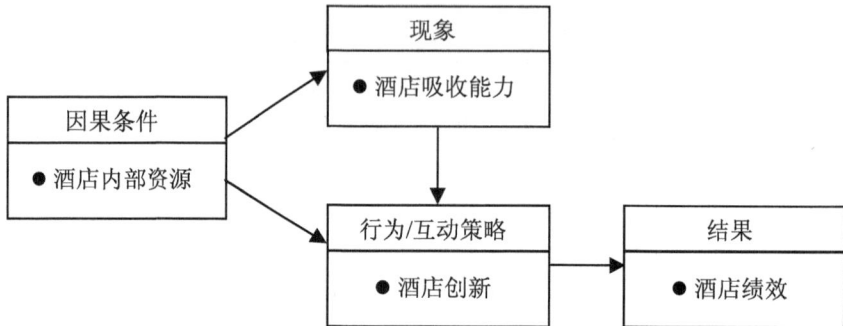

图 3-2　基于内部资源的酒店创新编码典范模型

为更加清晰地展示各主要范畴间的逻辑关系和故事线，图 3-3 和图 3-4 分别给出了由 Nvivo 8.0 软件输出的基于外部知识源的酒店创新主轴编码导出模型和基于内部资源的酒店创新主轴编码导出模型。

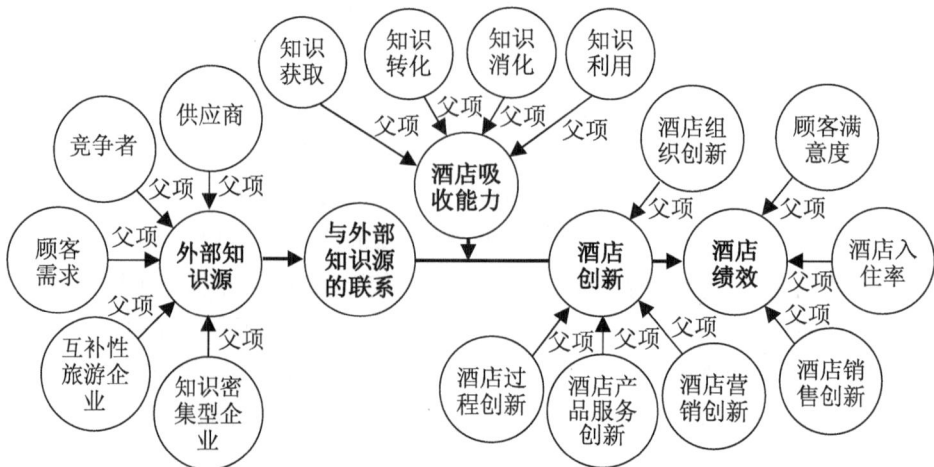

图 3-3　基于外部知识源的酒店创新主轴编码导出模型

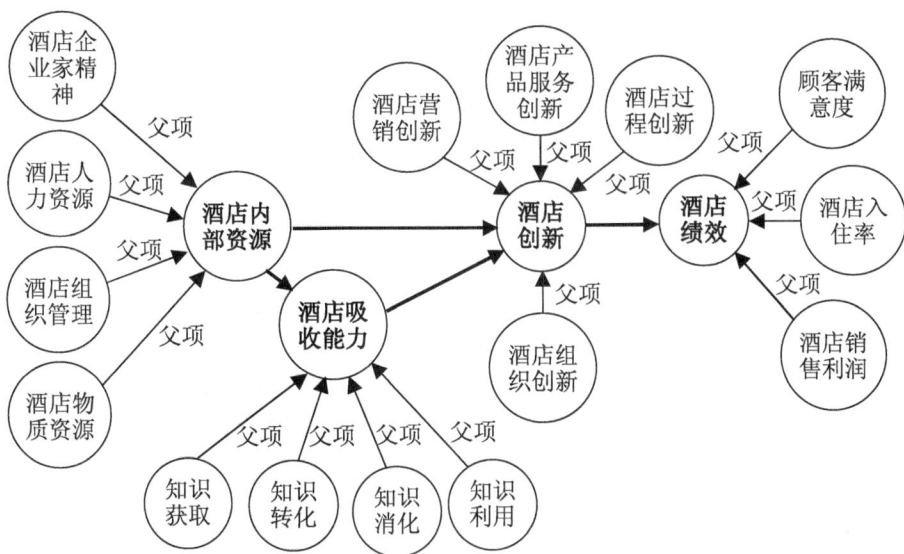

图 3-4　基于内部资源的酒店创新主轴编码导出模型

3.3.3　选择编码（Selective Coding）

经过开放式编码、主轴编码及相互关系的分析，我们对由概念聚类的范畴及范畴间的关系进行了提炼和归纳。选择编码是指选择核心范畴，并把它与其他范畴按照一定的逻辑系统地链接起来，验证其关系，并把概念化尚未发展完备的范畴补充完整的过程，最终得到包含所有数据的一个证据链。究其本质，选择编码中的资料分析与主轴编码相类似，只是选择编码所处理的分析层次更为抽象，需要综合和提炼（Ulrich，1988）。具体地，该过程的主要任务包括对"核心范畴"的识别和提炼，运用所有资料及由此开发出来的范畴和关系发展脉络和故事线，继续开发尚未发展完备的范畴。

3.3.3.1　主范畴识别

运用编码典范模型对数据进行主轴编码可知，本研究的主范畴是酒店创新，虽然图 3-1 和图 3-2 所示的编码典范模型中，"结果"均为"酒店绩效"，但通过对资料的分析不难发现，这个范畴是作为"酒店创新"对酒店企业的作用/效用而存在的，两条逻辑关系中，真正起核心统领作用的范畴均是"酒店创新"，这也符合本研究的主题——酒店创新影响因素及其效应研究。

3.3.3.2　主范畴与其他范畴的链接与验证

通过主轴编码我们分别得出基于外部知识源和基于内部资源两个不同路径

的酒店创新编码典范模型。根据访谈资料以及两个模型的示意图（参见图 3-1和图 3-2），我们认为无论是基于外部知识源的酒店创新编码典范模型，还是基于内部资源的酒店创新编码典范模型，其主范畴均为"酒店创新"，而除此之外的其他范畴和概念均为酒店创新（主范畴）的形成基础（或诱因）或作用效果（酒店绩效），在其形成基础（或诱因）组成的系统的共同作用下形成了酒店创新，而酒店创新对酒店运营所起的作用又通过"酒店绩效"范畴得以说明，从而形成了从原因到主范畴，从主范畴再到结果的逻辑脉络。

（1）外部知识源、吸收能力、酒店创新和酒店绩效

作为因果条件的酒店外部知识源是酒店实现创新的外部知识来源和催化剂。第一，受访者一致认为竞争者对本酒店的创新活动所起的催化作用十分明显，一方面来自激烈市场竞争的压力，另一方面对竞争者创新活动的关注和模仿对本酒店创新也存在影响。第二，供应商是资料中出现频率较高的范畴，超过半数的受访者在整个访谈过程中提及各种类型供应商的次数超过 5 次，这说明对于酒店企业的创新来说，供应商这一外部主体是酒店创新的重要知识来源；同时，互补性旅游企业和知识密集型企业为酒店创新提供灵感或重要信息。

酒店在市场竞争激烈和顾客需求种类多样化、变化速度快等不稳定外部环境下，通过与外部知识源各类主体的联系，获取对酒店企业创新有用的知识。在这个过程中，酒店对外部知识源的识别、获取、消化、转化和利用能力直接决定酒店企业真正利用知识进行创新的能力，亦即典型编码过程中提炼的中介条件"酒店吸收能力"的作用。吸收能力对酒店与外部知识源联系，获取有用知识，进而促进创新活动的过程起调节作用。酒店创新的形成和提高对酒店品牌化、利润率、顾客满意度等均有积极作用，即促进酒店绩效的提升。

（2）内部资源、吸收能力、酒店创新和创新绩效

作为因果条件的酒店内部资源是酒店进行创新活动的根本依托，酒店企业家的创新精神、人力资本的含量和素质、酒店硬件基础等内部资源是各种创新活动的内因所在。酒店以内部资源为依托，在组织管理过程中进行创新活动。在这样的作用机制下，形成了酒店创新，从而对酒店声誉、顾客满意度、利润率等产生积极影响。

（3）酒店外部知识源和酒店内部资源

上述编码过程识别了外部知识源对酒店创新所起的关键作用，此外，多数受访者指出酒店企业对外部知识的吸收利用建立在酒店企业内部资源的基础上，也就是说酒店外部知识源一定程度上是通过酒店内部资源对酒店创新起作用的。

　　当研究者完成对故事线的整理后又使用收集的访谈材料进行了对比分析，并不断返回修改，结果表明上述故事线和事实相符。

3.3.3.3　对主范畴的完善和细化

　　对主范畴的完善和细化是对编码典范模型的完善和细化。我们对酒店创新访谈材料进行编码识别出 1 个主范畴——酒店创新，2 条编码典范模型——基于酒店外部知识源的酒店创新编码典范模型和基于酒店内部资源的酒店创新编码典范模型，以及副范畴——酒店内部资源、酒店外部知识源、酒店与外部知识源的联系、酒店吸收能力、酒店绩效。根据对主范畴与副范畴的链接分析可知，主范畴是在副范畴的基础上或诱导下形成的，即在副范畴系统的作用下形成的。在这个副范畴系统中包括酒店创新形成过程中的关键作用要素，也包括企业行为。其中关键作用要素涉及编码典范模型中的 3 个子模块——因果条件、中介条件和结果，而现象则属于系统中的组织行为范畴。由此可知，酒店创新的要素系统是由酒店外部知识源、酒店内部资源和起中介作用的吸收能力 3 个范畴构成的，而酒店创新的效用体现在结果模块的酒店绩效范畴。

3.4　研究效度与信度

　　在质性研究中，研究本身即研究工具，为了增加研究结果的信度和效度，我们需对质性研究的信度和效度进行检验，从而提高质性研究的信赖价值。陈向明（2000）指出，质性研究一般不需要讨论信度问题，"内部效度"问题是需要解决的重点问题，而不是"外部效度"问题。本研究选择使用三角校正法（Triangulation）来增强资料与解释之间的关系。三角校正法是一种对质性研究效度的检验方法，是指研究过程中采用多种不同形式的方法、资料、观察者与理论，以查核与确定资料来源、资料收集策略、时间与理论架构等的效度（Denzin & Lincoln，1994）。三角校正通常有四种方式，分别为理论三角交叉校正法、方法论的三角交差校正法、研究者的三角交叉校正法和资料的三角交叉校正法。

　　根据本研究需要，我们主要选择研究者的三角交叉校正法，即从不同研究者的角度审视研究发现。在收集资料过程中，研究者会在各个访谈结束后请受访者阅读研究者对先前访谈内容所做的观点诠释，并对内容做建议与指正。在研究过程中，对访谈资料文本的编码和诠释都是通过团队讨论的方式进行，研究团队共四人[①]，整个编码过程和诠释经过历时 1 个月多次反复讨论，确定是否存在误解或过于主观的问题，最后取得一致意见后，形成最终编码结果，以减少个人的主观性。

3.5   讨论的命题提出

通过对访谈资料的编码，可以就酒店创新影响因素及其对酒店绩效的作用机制有一些初步的认识。但是，我们只能通过访谈得到一个来自产业实践现象的初步的可供建立模型和深入研究的简单结果，而不能直接将其作为阐释酒店创新形成中各变量间因果关系的唯一证据。原因在于，一方面，虽然受访者均是对酒店经营管理十分熟悉的中高层管理者，但访谈资料仅是受访者对所提及问题发表的主观感受，基于该类数据获得的概念模型是否可靠，还有待进一步通过大规模问卷调查加以验证；另一方面，受访者个人本身很难将不同范畴对酒店创新所起的作用分解开来，在访谈中一些受访者对某一范畴的具体作用持有不同的观点（例如，有的受访者认为供应商所提供的产品可直接诱发酒店创新活动的发生，但另一些则认为供应商并不能直接导致酒店创新活动的形成，而需要经过酒店内部对供应商所提供知识的消化、利用，继而促成创新）。因此，仍需要根据该部分得出的概念模型进行大规模问卷调查，从而验证概念模型的有效性和合理性。

当然，即便如此，这也并不妨碍我们根据访谈资料的编码结果提炼出有待深入讨论的命题。

3.5.1   外部知识源与酒店创新

根据前面的编码结果，我们初步认为酒店外部知识源作为酒店创新的因果条件之一，对酒店创新的形成产生正向影响（参见图 3-5）。基于此，我们提出：

命题 1：酒店外部知识源正向影响酒店创新。

[①] 其他三位研究者均拥有旅游与酒店管理专业学习背景，但鉴于研究者三角校正试图从不同研究视角对资料进行审视，其他三位研究者的研究领域均与创新无关，他们分别是南开大学旅游管理专业博士生吕兴洋、中山大学旅游管理专业博士生陈阁芝和香港理工大学酒店与旅游管理学院研究助理曹正，特此对三位在繁重的科研工作之余对本研究给予的支持表示感谢。

图 3-5 外部知识源与酒店创新

3.5.2 酒店吸收能力对外部知识源与酒店创新关系的调节作用

根据图 3-1 和图 3-3，酒店吸收能力对外部知识源与酒店创新关系起调节作用，酒店外部知识源对酒店创新的影响是通过酒店吸收能力中介变量起作用的（参见图 3-6）。基于此，我们提出：

命题 2：酒店外部知识源正向影响酒店吸收能力。

命题 3：酒店吸收能力正向影响酒店创新。

图 3-6 吸收能力对外部知识源与酒店创新关系的调节作用

3.5.3 酒店内部资源与酒店创新

根据编码结果，我们初步认为酒店内部资源作为酒店创新的因果条件之一，对酒店创新的形成产生正向影响（参见图 3-7）。基于此，我们提出：

命题 4：酒店内部资源正向影响酒店创新。

图 3-7 酒店内部资源与酒店创新

3.5.4 酒店内部资源与酒店吸收能力

根据编码结果，如图 3-2 和图 3-4 所示，酒店内部资源对酒店创新的形成存在一定的正向影响（参见图 3-8）。基于此，我们提出：

命题 5：酒店内部资源正向影响酒店吸收能力。

图 3-8　酒店内部资源与酒店吸收能力

3.5.5　酒店外部知识源与酒店内部资源

根据编码结果，我们初步认为酒店外部知识源不仅直接或间接地通过吸收能力影响酒店创新，酒店外部知识源还作用于酒店内部资源，部分地通过影响酒店内部资源来影响酒店创新（参见图 3-9）。基于此，我们提出：

命题 6：酒店外部知识源正向影响酒店内部资源。

图 3-9　酒店外部知识源与酒店内部资源

3.5.6　酒店创新与酒店绩效

根据编码结果，尤其是通过酒店创新典范编码所获得的图 3-1 和图 3-2，我们初步认为酒店创新对酒店绩效存在正向影响，即酒店绩效作为酒店创新的作用结果范畴而存在（参见图 3-10）。基于此，我们提出：

命题 7：酒店创新正向影响酒店绩效。

图 3-10　酒店创新与酒店绩效

3.6 本章小结

本章围绕酒店创新形成的机理及其作用机制这一主题，通过对大连市 13 位高星级酒店中高层管理人员的半结构性访谈获得数据，运用编码的方式对数据进行质性分析，并借助 Nvivo 8.0 软件将分析过程和结果进行图形化展示。通过质性研究，我们识别了基于酒店外部知识源和基于酒店内部资源两条路径的酒店创新形成机理模型，且分析得出酒店创新对酒店绩效存在正向的影响，从而初步得到酒店创新形成过程中的各关键要素，及其对酒店创新的影响机制模型，其中，吸收能力在酒店外部知识源影响酒店创新的机制中起中介作用，且酒店内部资源对吸收能力存在正向影响。以下是由质性研究推导出的初始假设命题：

命题 1：酒店外部知识源正向影响酒店创新。

命题 2：酒店外部知识源正向影响酒店吸收能力。

命题 3：酒店吸收能力正向影响酒店创新。

命题 4：酒店内部资源正向影响酒店创新。

命题 5：酒店内部资源正向影响酒店吸收能力。

命题 6：酒店外部知识源正向影响酒店内部资源。

命题 7：酒店创新正向影响酒店绩效。

以上初始假设命题是对现有酒店创新研究的拓展和补充，也是本书提出研究假设与概念模型的重要基础。本书将对这些假设命题做进一步文献展开和细化工作。

第4章　酒店创新影响因素与效应的模型构建

　　基于上一章质性研究的分析结论，我们从酒店外部知识源和酒店内部资源两个视角出发分别构建酒店创新影响因素概念模型，即基于外部知识源的酒店创新影响因素模型和基于内部资源的酒店创新影响因素模型；此外，还得到了酒店创新作用机制的初步模型，即酒店创新影响酒店绩效的效应模型。

　　首先，我们从酒店外部知识源的视角出发对酒店创新的形成机制进行初步模型设置和假设提出。结合质性研究的结论，我们在对酒店外部知识源影响酒店创新的影响机制中，引入吸收能力这一中介变量，从而说明，酒店通过与外部知识源联系，获取一定数量、质量的知识资源，但这些知识资源并不能直接转换为酒店的创新能力和竞争优势，而需要通过酒店自身的吸收能力，识别与获取外部知识源中有价值的知识资源，进而对其消化、吸收得到具有价值的知识，最终酒店将这些知识加以开发应用，从而获得酒店创新的形成和提高。换言之，外部知识源并不直接影响酒店创新，而是通过酒店吸收能力的中介作用完成对创新能力的影响。但鉴于质性研究中亦有一部分资料显示外部知识源对酒店创新存在直接的影响，且在本章文献整理时亦发现了相关的经验研究，所以本部分在考察外部知识源对酒店创新形成的影响时，兼顾直接影响及间接影响两条路径，即外部知识源直接影响酒店创新与外部知识源通过吸收能力的中介作用影响酒店创新两条路径，一方面更加全面地考察酒店创新形成机理的各种可能性，另一方面通过这样两条路径的假设设置，可在后续实证研究中比较两条路径的显著性水平，从而更加科学地阐释外部知识源影响酒店创新形成的路径。

　　其次，我们从酒店内部资源的视角对酒店创新的形成机制进行分析。结合质性研究的结论，我们认为内部资源对酒店创新存在正向的影响，且内部资源作为酒店运作的基础条件，对酒店吸收能力的形成亦存在一定的影响。

　　最后，我们通过酒店创新对酒店绩效的影响研究构建酒店创新作用机制模型，从而最终形成酒店创新形成机理及其作用机制的初步模型和研究假设。

　　本章在上一章质性分析的研究结论基础上，构建了酒店创新形成机理及其作用模型。基于上述酒店创新形成的两大研究视角：酒店外部知识源与酒店内部资源，我们在本章构建了包括酒店外部知识源、酒店内部资源、吸收能力、酒店创新等变量在内的酒店企业创新实现机理的初步模型，并考察了酒店创新对酒店绩效的影响机制。

4.1   基于外部知识源的酒店创新影响因素模型构建

在当前环境下，市场需求不仅瞬息万变且需求越来越复杂，技术动荡程度和复杂程度原来越高，服务业业态不断变革，企业很难完全依靠内部资源获得进行创新活动、培育持续竞争力的所有知识和资源（Teece，1987；Calantone et al.，2002）。

近些年，创新管理学者们逐渐强调组织间跨学科的创新知识转移、知识获取、知识搜索对组织创新的重要性（王志伟，2010）。在传统的对制造业技术创新的研究中，纳尔逊和温特（Nelson & Winter，1982）提出企业向外部寻求新技术的策略；冯（Von，1988）指出企业的四种外部创新知识源，分别是竞争者、其他国家、用户和供应商、大学和研究机构。野中郁次郎等（Nonaka，1994；Grant & Baden-Fuller，1995）强调无论是企业内部还是企业外部，凡是能够给企业带来创新能力的重要知识资源，都应当纳入企业创新体系并加以利用。组织外部网络中的合作伙伴为组织提供了接近客户需求、市场、供应商技术等知识资源的机会，而这些知识资源是组织内部所无法获取的。网络资源能为企业减少在不确定的市场环境中进行创新的阻力和风险。因此，企业与外部知识源的联系将有助于企业创新活动。上一章的质性研究也佐证了外部知识源对酒店创新的重要作用。

4.1.1   外部知识源与企业创新

企业外部知识源是嵌入在企业外部网络中各主体的知识，根据鲍威尔等（Powell et al.，1996）对企业外部网络概念的界定，本研究认为企业外部网络是介于外部自由市场与企业内部层面之间的、企业维持长期关系的两个以上企业间的一种联系，某种程度上说，企业外部网络是一种与企业和市场相并列的资源配置体系。在过去的二十年里，企业外部网络作为企业外部知识源对企业创新的重要作用越来越多地受到研究者的关注（Rigby & Zook，2002）。人们逐渐认识到新知识的产生并不完全源自企业内部（Arora，Fosfuri，& Gambardella，2001；Gans & Stern，2003）。从知识管理的角度看，所谓创新就是将新知识运用于市场将其商业化的过程（Escribano et al.，2009）。新知识的产生是一个逐渐累积的过程，在这过程中知识不断地更新、转换，而其中一部分知识来自企业外部（Cassiman & Veugelers，2002），且卢森堡（Rosenberg，1982）认为这些来自企业外部的知识在企业实现创新的过程中起关键作用。

对于旅游业而言，这种网络不仅包括旅游目的地层面的本地化网络，还包括非本地化网络（Milne & Ateljevic，2001），因此，颂波等（Sundbo et al., 2007）指出旅游企业应该整合本地创新网络和非本地化创新网络二者各自的优势，从而提高自身的创新能力。

基于此，并结合质性分析的研究结论，我们提出下述假设：

H1：酒店外部知识源对酒店创新有正向影响。

4.1.2　吸收能力的中介作用

4.1.2.1　吸收能力理论

（1）吸收能力的概念

企业层面的吸收能力理论是由科恩和利文索尔（Cohen & Levinthal，1989）开创性提出的，从企业学习能力的角度探讨企业如何获取并保持竞争优势。科恩和利文索尔（Cohen & Levinthal，1990）首次提出吸收能力的概念，并将其定义为企业识别外部知识的价值，消化并将之最终应用于商业化目的的能力。该研究认为外部知识源对企业创新过程非常重要。科恩和利文索尔（Cohen & Levinthal，1990）对吸收能力概念的界定被相关研究广为引用，自开创了吸收能力研究之后，吸收能力成为了 20 世纪 90 年代以来组织研究领域最重要的议题之一（Calero-Medina & Noyons，2008）。卡莱罗·玛蒂娜和诺扬（Calero-Medina & Noyons，2008）在研究中对科学网（the Web of Science）数据库收录的 2007 年以前的学术期刊进行了统计，其中有 1500 篇论文引用了科恩等（Cohen & Levinthal，1990）的研究文献，该文不仅是吸收能力研究的开山之作，更是该研究领域的经典文献。玛奇和西蒙（March & Simon，1958）从组织层面进行研究，得出对于组织而言大部分创新不是来自组织内部的创新发明（Invention），而是来自对外部信息的利用，即其文中提到的"借"（Borrowing）。后续诸多关于创新知识源的研究（Johnston & Gibbons, 1975；Hippel，1988）从不同角度证实了玛奇等（March & Simon，1958）的研究结论。此后，众多学者对企业知识吸收能力概念的界定给出了自己的观点，比较有代表性的观点可总结为六种，如表 4-1 所示。由这些具体的定义可以看出，虽然不同学者从不同角度对吸收能力的内涵进行了界定，但其具有一定的共同之处：①大部分学者都认为吸收能力是一个以过程为导向的概念，并是组织动态能力的重要决定因素，并且认为吸收能力是一个多维度的概念；②对吸收能力的研究逐渐从国家层面转移到企业层面，且关注的焦点在于企业吸收能力对企业绩效的作用机制。

表 4-1　企业吸收能力的概念

提出者	概念	衡量标准
科恩和利文索尔（Cohen & Levinthal, 1990）	吸收能力是企业评估、内化和应用外部新知识，并使之商业化的能力	评估能力：基于过去经营和投资的积累 整合能力：基于知识特性，基于组织或联盟的动态特征，基于技术重合 应用能力：基于技术机会（内部相关知识的数量），基于专有性（保护创新的能力）
莫维利和奥克斯利（Mowery & Oxley, 1995）	吸收能力是一系列技能的集合，包括将隐性知识转化为显性知识，将外部技术转化为内部所用等	人力资本：员工个人的技能水平，研发人员占全体员工的比例，工程技术人员占全体人员的比例，研发支出
金姆（Kim, 1998）	吸收能力是学习能力和解决问题的技能。学习能力是通过知识整合来模仿和创造新知识的创新能力	先前的知识基础 努力的程度
扎赫拉和乔治（Zahra & George, 2002）	吸收能力是企业不断创造和利用知识的动态能力，是企业组织惯例和程序的集合，包括获取、内化、转换和应用知识来形成动态能力的过程	潜在吸收能力：获取知识，内化知识 现实吸收能力：转换知识，利用知识
莱恩等（Lane, Koka & Pathak, 2006）	吸收能力是企业应用外部知识的能力，包括三个相继的过程：识别和理解新外部知识、内化有价值的新外部知识、应用内化的新外部知识	识别和理解新的外部知识：探索式学习 内化有价值的新外部知识：转化式学习 应用内化的新外部知识：利用式学习
托多若娃（Todorova & Durisin, 2007）	吸收能力是企业对知识利用的一个动态的、不断反馈的过程，包括认知价值、知识获取、内化转换和知识利用四个阶段	认知价值：知识源、先前知识 知识获取：强度、速度、努力程度 内化转换：知识相容性、认知结构 价值创造：潜在吸收能力与现实吸收能力 社会整合机制：适应的领域、强力关系

资料来源：刘璐（2009）。

　　该理论认为企业如果要动态地占有并保持独特资源，外部资源对企业来说至关重要，企业必须对外部资源始终保持开放和不断吸收。自提出吸收能力的概念以来，对吸收能力的研究引起了许多学者的关注，主要被用于研究复杂的组织现象，是知识管理、组织学习、技术创新、产业经济与战略管理等学科领域研究所涉及的关键指标。学者们从不同角度对吸收能力的内涵进行了界定：

一方面，吸收能力被普遍认为是一个多维度的概念，且是一种以过程为导向的动态能力；另一方面，吸收能力的应用逐渐地聚焦于企业层面，探讨不同企业吸收能力对企业创新、绩效的影响等。

根据本书的研究目的，认为扎赫拉和乔治（Zahra & George，2002）关于吸收能力的理论比较适合本研究，所以本研究沿用其中对吸收能力概念的界定，具体地吸收能力在本研究中定义为酒店企业与外部知识源各主体往来过程中将获得的知识进行消化、应用的能力。

（2）吸收能力的维度划分

申卡尔等（Shenkar，Aranya，& Almor，1995）指出研究中所涉及的概念（Construct）必须符合两大要求：①概念是可以测量的，换句话说，可以对概念所包含的各个维度进行可操作化的测度；②概念应该是统一的、放之四海而皆准的，亦即一个概念应包括对该概念不同分类方式下所衍生的各个维度。因此，我们有必要对吸收能力的维度划分进行归纳。通过文献综述不难发现，Camisón 和 Forés（2010）采用验证性因子分析方法（Confitmatory Factor Analysis），以 952 家西班牙企业为样本对吸收能力的概念和测量维度进行了实证研究，该研究是从过程视角对吸收能力的维度进行划分，沿用了扎赫拉等（Zahra & George，2002；Lane，Koka，& Pathak，2006）对吸收能力维度划分的研究结果。本书沿用的对吸收能力维度的归纳，如表 4-2 所示。

表 4-2　吸收能力的维度

维度		定义	文献来源
潜在吸收能力（PACAP）	知识获取能力	企业接近外部知识溢出源，并通过某种方式搜索、评估和获取新知识的能力	莱恩等（Lane&Lubatkin，1998）；扎赫拉和乔治(Zahra&George，2002)；廖等（Liao et al.，2003）
	知识消化能力	企业理解和解释所获取的外部新知识的能力。消化的结果与创新不同，它没有任何商业化的成果，只是有可能丰富有关人员的知识领域和提高有关人员的知识水平	兰斯基（Szulanski，1996）；扎赫拉和乔治（Zahra&George，2002）
现实吸收能力（RACAP）	知识转化能力	转化能力是外部知识在企业内流动和扩散，与现有知识有效整合的能力	柯格特和赞德（Kogut&Zander，1992）；范登等（Van den，Van Wijk&Volberda，2003）
	知识利用能力	利用能力是指企业利用整合后的知识，有效把握和开发市场机会，创造新知识并产生商业化成果的能力	莱恩等（Lane&Lubatkin，1998）；扎赫拉和乔治(Zahra&George，2002)

资料来源：Camisón & Forés（2010）。

（3）吸收能力作用过程分析

回顾对吸收能力作用过程的理论研究,有代表性的观点可归纳为以下四个:科恩和利文索尔（Cohen & Levinthal,1990）、莱恩等（Lane,Koka,& Pathak,2006）、扎赫拉和乔治（Zahra & George,2002）、托多若娃等（Todorova & Durisin,2007）。

科恩和利文索尔（Cohen & Levinthal,1990）最先从过程视角对吸收能力的概念进行界定,并在此基础上对吸收能力的作用过程给出了一般性的理论模型,如图 4-1 所示。该研究认为,吸收能力受知识源和先前知识的影响,其自身的作用过程包括认知新知识的价值、内化新知识、将新知识应用于商业化三个步骤。吸收能力在适合的领域发挥作用,且对企业创新活动和创新绩效产生影响。

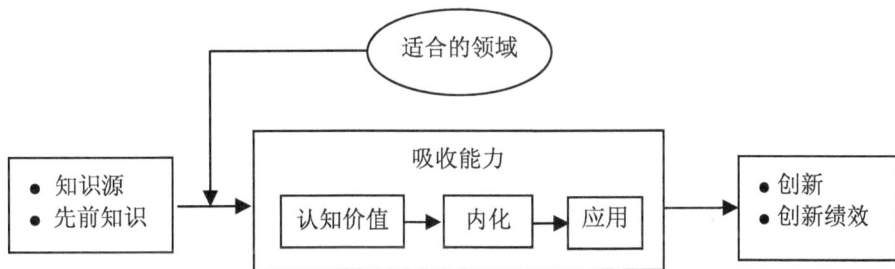

图 4-1　过程视角下的吸收能力模型（1）

资料来源：翻译自科恩和利文索尔（Cohen & Levinthal,1990）。

莱恩等（Lane,Koka & Pathak,2006）在科恩等（Cohen & Levinthal,1990）所提出的关于吸收能力三阶段的观点基础上,对吸收能力的作用过程进行了细化,如图 4-2 所示。首先,在特定的环境条件下,企业吸收能力发挥作用受内、外部驱动力的影响:①从内部来看,包括企业组织结构、企业战略、个体认知;②从外部来看,包括一般环境、产业环境、合作伙伴间知识的相似性或互补性等。其次,将吸收能力看作是企业在内外部因素影响下的一个学习过程,具体地,分为探索式学习、转换式学习和开发式学习三个阶段。再次,将吸收能力的产出分为知识产出和商业产出两方面。最后,认为吸收能力是一个有反馈机制的循环。

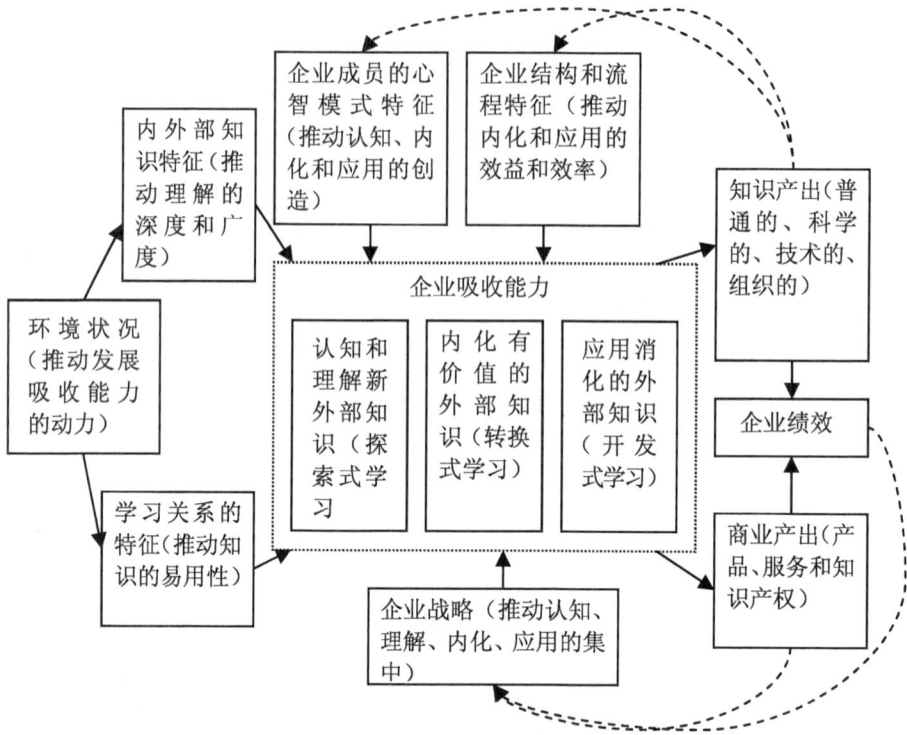

图 4-2   过程视角下的吸收能力模型（2）

资料来源：翻译自莱恩等（Lane et al., 2006）。

扎赫拉和乔治（Zahra & George，2002）在对前人研究进行回顾的基础上将吸收能力看作一种动态能力，重新构建了吸收能力的概念模型，如图 4-3 所示。吸收能力强调企业管理知识的一系列能力对企业绩效和竞争优势产生影响（Zahra & George，2002）。扎赫拉和乔治（Zahra & George，2002）将吸收能力的作用过程划分为四个阶段：知识获取、知识内化、知识转换和知识利用。与上述两个模型相比，扎赫拉等（Zahra & George，2002）的最大特点是将吸收能力划分为两大维度：潜在吸收能力（包括知识获取和知识内化）和现实吸收能力（包括知识转化和知识利用）；另外，增加了一些对吸收能力过程产生影响的概念，如活性触发（Activation Triggers）、社会整合机制（Social Integration Mechanisms）、适合的领域。企业在活性触发因素的影响下获取和内化外部知识（知识源和互补性）和先前知识，这些被企业内化的知识、经验在社会整合机制的作用下进一步被企业转换和利用，最终，在一定制度条件下促进企业竞争优势（包括组织柔性、创新和绩效三个方面）的形成。

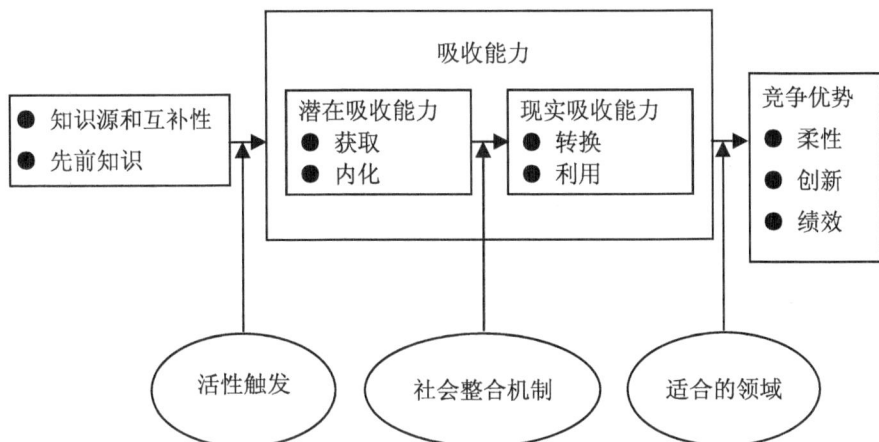

图 4-3　过程视角下的吸收能力模型（3）

资料来源：翻译自扎赫拉和乔治（Zahra & George，2002）。

托多若娃等（Todorova & Durisin，2007）通过实证研究对吸收能力的内涵进行了重新界定，该研究认为吸收能力的过程包括五个环节：认知价值、获取、内化、转换和利用。与扎赫拉等（Zahra & George，2002）的研究相比，该研究对吸收能力作用机制进行了四方面的调整和拓展，如图 4-4 所示。①在获取知识之前，重新引入认知价值，认为对外部知识价值的认知是企业获取知识的前提和基础；②认为知识转换与知识内化并不是完全按照先后逻辑顺序进行的过程，对于企业而言知识转化和知识内化是通过多种途径相互联系、作用的改变过程，从而打破了扎赫拉等（Zahra & George，2002）提出的潜在吸收能力和现实吸收能力两大维度划分；③将社会整合机制的作用范围扩展到影响吸收能力的各个要素，从影响作用上涵盖了正反两方面，且基于此进一步提出了权利关系的作用；④不仅考虑了特定制度条件对吸收能力产出的影响，且考虑到特定制度条件对触发吸收能力的发生发挥作用；⑤强调了吸收能力作为企业动态能力的一种，增加了反馈机制（刘璐，2009）。

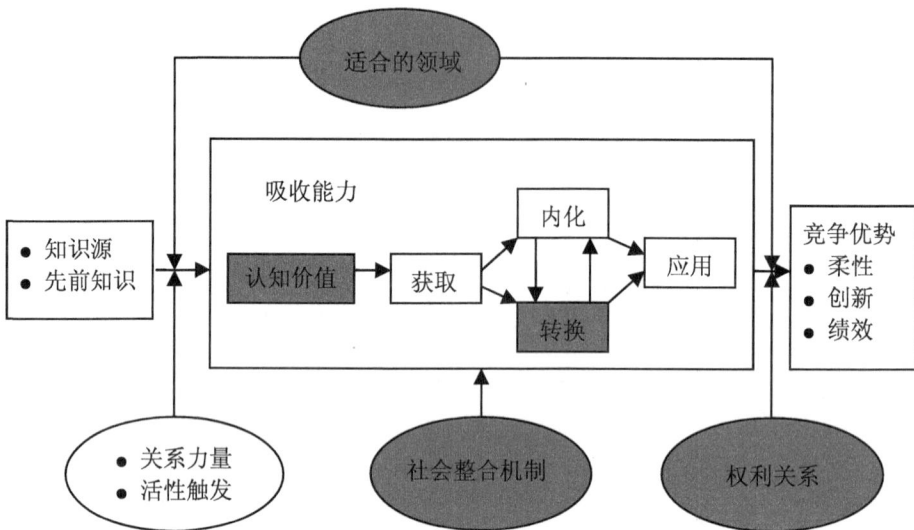

图 4-4　过程视角下的吸收能力模型（4）

资料来源：翻译自托多若娃等（Todorova & Durisin，2007）。

4.1.2.2　外部知识源与企业吸收能力

综合国内外文献来看，吸收能力的文献从研究"直接决定作用"逐渐过渡到了研究"调节效应"（陶锋，2009）。巴伦和肯尼（Baron & Kenny，1986）指出所谓调节效应（Moderating Effect）也被称为交互作用（Interactive Effect）。调节变量（Moderater）是指系统地改变一个因变量与一个自变量之间关系的形态或强度的变量（陶锋，2009）；或者说，影响一个独立变量或预测变量与一个因变量或标准变量之间关系的方向或强度的变量（Baron & Kenny，1986）。研究表明企业的吸收能力可影响企业获取和利用外部知识的能力，外部知识和内部知识相结合共同影响企业的创新能力（Daghfous，2004）。

虽然许多文献没有明确指出吸收能力对外部知识源与企业创新关系的调节作用，但具体研究已证实企业通过吸收能力来获取外部知识，从而提高企业创新能力的观点。科伯恩和亨德森（Cockburn & Henderson，1998）研究了制药企业与外部科研机构的联系过程中，吸收能力所起的作用，结果显示吸收能力对企业利用外部公共基础研究机构的先进知识进行创新的过程起重要的调节作用。乔治等（George et al.，2001）对生物制造企业的实证研究结果表明，企业利用多种方式的外部知识，有助于提高企业的吸收能力，从而促进企业创新能力的提高。蔡（Tsai，2001）选用食品制造和石油化工行业中的

120 个企业为样本，从网络的视角出发对企业吸收能力对外部知识的利用和企业创新、企业绩效之间的关系进行了实证研究，研究结果表明，吸收能力对企业的盈利和创新都有显著而积极的影响。涅托和克维多（Nieto & Quevedo，2005）以西班牙 406 家制造业企业数据为样本，研究企业技术机会、知识溢出和吸收能力对企业创新能力的影响，得出吸收能力在企业外部的技术机会和创新能力关系中发挥中介作用。埃斯克里巴诺等（Escribano, Fosfuri, & Tribó, 2009）利用 2000～2002 年欧洲共同体创新调查（CIS）结果中西班牙 2265 家企业的数据，通过实证研究检验了企业吸收能力对外部知识网络与企业创新二者间的调节作用，研究结果显示吸收能力与企业利用外部知识的效率成正比，且吸收能力与企业创新成正比。有学者运用欧洲共同体第三次创新调研数据对希腊 461 个企业的创新活动进行研究，发现吸收能力在企业外部知识利用和企业创新之间起重要的调节作用，是企业利用外部知识的重要中介变量，同时，该研究证实吸收能力对企业创新有直接地促进作用（Kostopoulosa et al., 2011）。

　　基于此，并结合质性分析的研究结论，我们提出下述假设：

　　H2：酒店外部知识源对酒店吸收能力有正向影响。

4.1.2.3　企业吸收能力与企业创新

　　从企业层面对吸收能力影响企业创新的研究主要侧重于实证分析（陈艳艳，2009）。席林（Schilling，1998）研究认为通过增强吸收能力，企业可以扩大知识和技术存量，增强对未来信息的消化吸收和利用能力，最终提高企业的技术开发效率。科伯恩和亨德森（Cockburn & Henderson，1998）运用案例分析和深入访谈的方法对制药企业产品创新和公共基础研究部门之间的关系进行了研究，研究证实企业吸收能力对产品创新存在积极的作用。努森等（Knudsen & Roman，2004）指出知识吸收能力对提升组织创新能力是非常重要的。涅托等（Nieto & Quevedo，2005）研究认为吸收能力属于企业管理范畴的变量，在很大程度上吸收能力对企业的创新能力有积极的影响。廖述贤等（2005）运用结构方程模型以台湾 17 个跨产业的公司作为样本，对知识吸收能力、知识分享对企业创新能力的影响进行了实证研究。邓（Deng，2008）分别从国家、企业网络和企业三个层面对吸收能力与创新之间的关系的代表性文献进行了评述，指出吸收能力对企业创新具有积极的促进作用。

　　基于此，并结合质性分析的研究结论，我们提出下述假设：

　　H3：酒店吸收能力对酒店创新有正向影响。

4.2　基于内部资源的酒店创新影响因素模型构建

本部分结合质性研究的结论，从企业资源观（Resource-based view，RBV）视角出发，基于资源是能力基础的假设，认为酒店内部资源是酒店创新、吸收能力形成的基础。在此基础上，研究酒店内部资源的结构、酒店创新、酒店吸收能力与酒店绩效的相互关系，从而构建"资源—能力—绩效"的逻辑框架。

4.2.1　企业资源观理论

4.2.1.1　资源观理论概述

资源观（Resource-based view，RBV）理论根植于潘罗斯（Penrose，1959）的研究，兴起于维尔纳（Wernerfelt，1984），从企业内部的视角，把企业视为一系列可以为企业提供经济租金（Wernerfelt，1984；Conner，1991）的异质资源的集合，将研究焦点集中于企业内部来考察企业竞争优势的来源与可持续性，资源观已成为近年来企业战略管理领域极具影响力的分析框架之一。资源观理论与波特（Porter，1980；1985）的竞争优势理论存在很大的区别，后者从企业所处产业的结构、企业在该产业中的竞争定位的视角来考察企业的竞争优势。由此不难看出，资源观研究的核心问题是"为什么企业存在不同？企业是如何获取和保持竞争优势的？"（Rumelt，1984；Barney，1996）。资源观认为企业内部资源的异质性是企业获利能力、竞争优势培育的主要原因。因此，企业可以通过设置资源位势壁垒（Resource Position Barriers）或隔离机制（Isolating Mechanisms）来获取经济租金（Economic Rents）[①]（方刚，2008）。理论界普遍认为可以用经济租金来解释企业竞争优势的来源问题。按照经济租金的不同来源，马奥尼等（Mahoney & Pandiam，1992）将企业的经济租金分为基于固定供给稀缺要素的李嘉图租金、基于冒险与企业家精神的熊彼特租金和基于通过市场位势保护阻止新进入者的垄断租金三类。在资源观理论的分析框架下，企业经济租金的占有和保持过程也就是企业获取和保持竞争优势的途径，而上述三种租金的占有、保持均是企业通过拥有异质性资源或行为而获得的（方刚，2008）。

上述的这些研究围绕"企业为什么不同"而展开，后来的学者致力于回答

[①] 这里所谓的"经济租金"是指高于投入要素最小付出水平的回报（Schoemaker，1990）。"经济租金"概念被理论界普遍用来阐释企业竞争优势的源泉。

"企业如何获取并保持竞争优势"的问题，如德里克等（Dierickx & Cool，1989）研究认为资源的存量（Stock）是企业获得高于市场平均水平租金的源泉，即企业的竞争优势根本上来自于企业所拥有的那些不可交易的、不可替代的和不可模仿的资源。此外，巴内等（Barney，1991；Peteraf，1993）给出了资源观视角下企业竞争优势来源的经典分析框架，从而形成后续资源观理论发展的基础。巴内（Barney，1991）的主要贡献在于识别出了能够为企业带来持续竞争优势的资源的属性，即有价值、难以模仿、稀缺和难以替代，如图 4-5 所示。彼得瑞夫（Peteraf，1993）的分析框架不仅给出了为企业带来持续竞争优势的资源需具备的四个条件：（1）资源的不完全流动性；（2）资源的异质性；（3）对竞争的事前限制；（4）对竞争的事后限制，且对企业拥有资源和经济租金之间的关系进行了详细阐释，如图 4-6 所示。

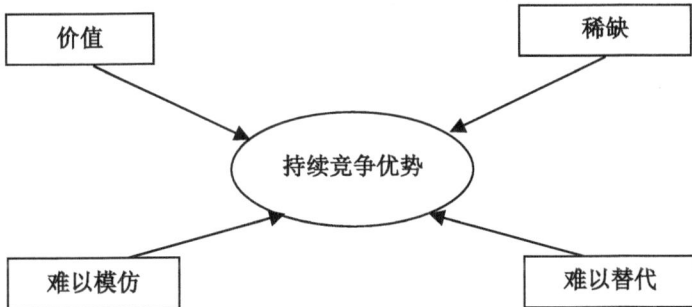

图 4-5　巴内（Barney，1991）的资源观分析框架

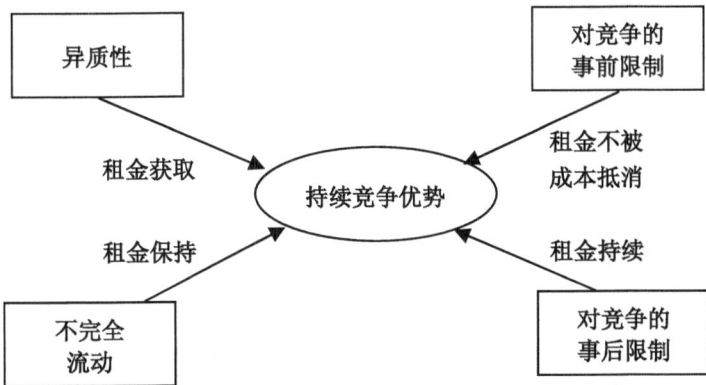

图 4-6　彼得瑞夫（Peteraf，1993）的资源观分析框架

　　然而，后来学者对巴内（Barney，1991）提出的企业竞争力获取的静态分析框架提出质疑，认为巴内（Barney，1991）只考察了企业资源的拥有，而没

有将企业拥有资源和利用资源二者结合起来，也就是说，虽然资源对于企业的重要性不言而喻,但仅拥有资源本身对企业竞争力的培育和维持是远远不够的，为获得高于平均水平的经济租金，企业还应具有利用这些资源的能力。蒂斯等（Teece，Pisano，& Shuen，1997）提出"动态能力"概念，从而开辟了资源观中另一个重要的理论分支——能力观，从动态的视角强调利用资源的过程在企业形成竞争优势过程中发挥的核心作用（Prahalad & Hamel，1990；Prahalad & Hamel，1994）。能力观认为企业能力（Capability）是企业基于有形的、无形的资源对其进行配置的过程，该过程是通过企业资源（人力资源、物质资源等）长期的互动而形成的（方刚，2008）。阿密特和舒梅克尔（Amit & Schoemaker，1993）认为企业能力具有难以替代性和难以模仿性，是企业异质性的表征，从而成为企业竞争优势的来源。

综上所述，资源观阐释了"企业为什么不同？"、"企业如何获取和保持竞争优势"等问题，认为企业异质性源自企业所拥有资源的异质性；能力观则从动态的视角强调企业利用资源的过程和技能在企业竞争优势形成过程中的重要作用。鉴于本研究中既涉及酒店企业资源，又涉及酒店能力（包括吸收能力、创新能力），因此，我们有必要对"资源"和"能力"两个概念的辨析与联系进行阐释。

4.2.1.2 资源的定义和分类

尽管已有大量文献对资源理论进行了研究，但至今为止仍没有一个对资源的统一清晰的界定（吴波，2011）。在资源概念的定义研究中涉及一个重要概念——能力，能力概念的提出与资源密不可分。资源观理论认为企业的资源和能力存在差异，企业的生存不仅取决于静态的企业所拥有的资源，还取决于对这些资源的最优配置和使用能力，对企业所拥有资源、技能和知识的整合能力（Prahalad & Hamel，1990）。学者们对资源概念的界定和分类的不同观点如表4-3所示。

对于能力是否属于资源的划分并无对错之分，有些学者在研究中用能力来指代企业流程和惯例本身，如纳尔逊和温特（Nelson & Winter，1982）在研究中将能力认为是一种惯例（Routine）。王喜庆（2004）将相关研究中的资源概念分为广义和狭义两大类：广义的资源包含能力，以获取足够的分析空间来灵活处理由于定义不一致带来的不同文献逻辑兼容的问题；狭义的资源定义不包含能力。本研究借鉴格兰特（Grant，1991）提出的"资源—能力—绩效"研究框架，因此需对资源和能力两个概念进行区分。

表 4-3　学者对资源概念的界定和分类

作者	资源定义	资源分类
加韦斯（1980）	企业暂时拥有的有形和无形资产	有形资产、无形资产
巴内（1991）	企业拥有的资产、能力、流程、品质、知识和专业知识等要素，企业利用这些要素进行竞争性战略的制定和实施	有形资源、人力资源、组织资源
格兰特（1991）	投入生产流程中的要素，其自身很少具有生产性	有形要素、无形要素
阿密特和舒梅克尔（1993）	企业拥有和控制的要素存量	
马卡多克（2001）	可以被直接测度和交易的可观察到的（但不一定是无形的）资产	
加尔布雷斯（2005）	通常定义为资产或者能力	有形资产、无形资产
达夫特（2009）	资源即企业控制的所有资产、能力、组织流程、信息、知识和企业特质	

资料来源：吴波（2011）及本研究整理。

4.2.1.3　资源与能力

尽管资源观已成为企业战略管理领域用来分析企业竞争优势源泉的重要理论框架之一，但对该领域的两个重要概念——"资源（Resource）"和"能力（Capability）"的界定仍缺乏统一的观点（方刚，2008）。为本书后续研究，需明确区分资源观理论框架下的"资源"和"能力"两个概念。

格兰特（Grant，1991）提出区分资源和能力的基本原则来对两个概念加以辨别。格兰特（Grant，1991）将企业资源分为有形资源、无形资源和人力资源，而对这些资源的利用过程便可创造企业的能力，形成企业竞争优势。此外，阿密特和舒梅克尔（Amit & Schoemaker，1991）认为资源是"企业所拥有的或企业所控制的可利用因素的存量（Stock）"，而能力是指在企业所拥有或控制的物质、人力、技术等资源基础上所进行的活动。拉索和福茨（Russo & Fouts，1997）将"能力"看作是使用企业资源的可重复进行的行为范式，并将"能力"界定为企业所具有的能够集聚（Assemble）、整合（Integrate）和配置（Deploy）有价值的资源来协同运作，从而创造竞争优势的可能性（方刚，2008）。

总体而言，资源是企业经济租金和竞争优势形成的基础，是企业运作流程的输入和输出，是从静态的视角审视企业所拥有或控制的因素；而能力嵌入在企业对资源的利用过程中，是企业各种资源相互交错、协同作用的结果，是从动态的视角审视企业竞争优势形成的因素。基于此，不难发现资源和能力最重要的区别在于分析方法的静态与动态的区别（方刚，2008）。此外，马卡多克（Makadok，2001）认为二者另外一方面的差异在于对企业获取经济租金的机制问题上的观点，基于资源特性的观点认为企业通过获取资源来享有经济租金，而强调能力的学者认为企业经济租金来自企业比竞争对手更有效地对资源进行配置的能力。

尽管资源和能力两个概念存在这些差异，但在对企业进行考察时仍不可将二者割裂开来。正如格兰特（Grant，1991）所述，资源是能力的来源，而能力是企业竞争优势之源。基于此，结合上一章质性研究的结论，我们有理由将酒店内部资源因素纳入到酒店创新（企业能力，尤其是企业动态能力之一）的分析框架中，只有将资源和能力都纳入研究范围，才能有效回答"酒店企业间的创新表现为什么存在差异？"和"酒店企业是如何形成创新能力的？"这两个问题。

4.2.2　内部资源、酒店吸收能力与酒店创新

虽然有学者强调能力对企业所拥有资源的动态运用性，从而认为仅仅拥有超凡的资源并无法给企业带来优势，重点应放在对资源的管理能力上（Nath et al.，2010），但能力是企业竞争优势之源，而资源是能力的来源和基础（Prahalad & Hamel，1990；Grant，1991），如图 4-7 所示。因此，我们认为酒店内部资源是酒店能力形成的来源和基础。

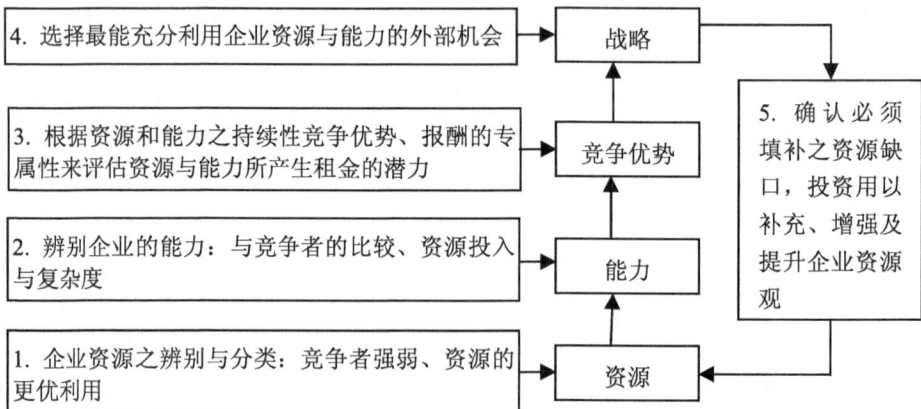

图 4-7　资源理论的要素层次

资料来源：Grant, R. A Resource-based theory of competitive advantage: implications for strategy formulation. California Management Review, 1991,33 (3),114-135.

蒂斯等（Teece，Pisano，& Shucn，1997）提出动态能力的框架，在静态

资源观基础上加入了环境变化维度，即静态的资源基础观关注的是企业在某个时点上的表现，而动态能力理论将关注焦点凝聚在"企业在动态的环境中如何保持长期竞争优势，从而获得持续的长期绩效"问题上，认为企业的动态能力是指企业整合、构建重新配置其内外能力来匹配快速变化的环境的能力。根据王和艾哈迈德（Wang & Ahmed，2007），动态能力的三个组成因素分别是：（1）适应能力，即企业甄别和利用市场机会的能力；（2）吸收能力，即企业识别、获取、利用新价值、外部信息，并在商业运作中加以利用的能力（Cohen & Levinthal，1990）；（3）创新能力，即企业发展新产品或市场的能力。因此，我们认为酒店内部资源不仅是酒店创新的来源和基础，还是酒店动态能力之一——吸收能力的来源和基础。

从酒店创新的经验性研究来看，虽然对酒店创新的经验性研究中，鲜有从资源观理论出发展开分析，但这些研究一定程度上从不同侧面证实了酒店内部资源对酒店创新的正向作用（Michael et al., 2005；Marta et al., 2003；Sundbo et al., 2007）。

基于此，并结合质性分析的研究结论，我们提出下述假设：

H4：酒店内部资源对酒店创新有正向影响。

H5：酒店内部资源对酒店吸收能力有正向影响。

4.3　酒店外部知识源与酒店内部资源

很多学者基于企业资源观视角认为企业外部知识源对企业创新的影响作用与企业自身拥有的资源密切相关。在制造业技术创新研究中，很多学者认为企业内部的技术能力越强，愈会更多地进行内部研发。琼斯等（Jones et al., 2003）从企业所拥有资源多寡的角度，提出企业现有的资源数量和种类会影响企业利用外部知识的程度与水平。这些学者认为企业内部技术储备越多，人力资本水平越高，企业从外部获取新知识的需求就越少。

然而，对于服务产业而言，大多数企业内部没有研发部门，创新活动大都来自对外部知识的识别、消化、吸收和利用。外部知识源所起的作用建立在企业内部资源的基础上，也就是说，一定程度上外部知识源通过企业内部资源发挥作用，进而促进企业创新能力的提高。

基于此，并结合质性分析的研究结论，我们提出下述假设：

H6：酒店外部知识源对酒店内部资源有正向影响。

4.4　酒店创新与酒店绩效

面对激烈的市场竞争和瞬息万变的顾客需求，企业必须通过不断提高其产品/服务质量，或提供新产品/服务的方式来提高企业适应能力，因此，创新成为企业在市场中保持竞争力的重要途径（Jansen et al., 2006；Prajogo & Ahmed, 2006）。通过创新，企业可根据不断变化的环境需求快速有效地做出反应，从而实现企业维持其经营状况、提高盈利能力的目标（Damanpour et al., 2009）。但是，关于企业创新与企业绩效二者关系的研究，很多经验性研究结论并不统一（Gatignon et al., 2002；Morgan & Berthon, 2008）。贝克等（Baker & Sinkula, 2005）认为企业的创新活动存在一定的风险，企业创新并不一定能提高企业的经营绩效。

尽管企业创新与企业绩效二者的关系存在争议，但许多实证研究结果显示企业创新与企业绩效间的确存在正相关关系。例如，罗斯基等（Geroski et al., 1993）在关于企业创新的研究中，采用英国制造企业 1945～1983 年的数据，结果证实企业创新与企业绩效存在显著的正相关关系。沃克（Walker, 2004）运用定量研究的方法对 1984～2003 年间发表的 30 篇经验研究的结果进行了分析，结果表明大部分情况下创新对企业绩效有积极的正向作用。此外，詹森等（Jansen et al., 2006）研究表明在不同的环境状况下，探索性创新（Exploratory Innovations）和开发性创新（Expoitative Innovations）对企业财务绩效有积极的作用。

根据创新理论中关于创新作用机制的阐释，企业创新的确可促进企业绩效的提高。（1）面对不断变化的顾客需求和顾客偏好差异化程度逐渐加大，企业通过创新实现产品/服务的更新换代才更有可能保持并提升市场占有率，实现经营绩效的提高（Bayus et al., 2003；Srinivasan et al., 2009）。这些企业可以通过产品/服务差异化战略实现创新，从而获得其作为市场先行者的获利优势（这种优势更多地来自采用撇脂定价的新产品/服务），从而有利于企业长期经营绩效的提高（Roberts & Amit, 2003）。（2）企业可通过创新进一步满足甚至引导现有客户群体的需求，尤其是针对收益率较高的细分市场顾客需求而进行的创新，从而实现企业整体绩效的提高，以此来抵销企业用于吸引新顾客、开发新目标市场的成本投入（Bayus et al., 2003）。

科恩和利文索尔（Cohen & Levinthal, 1990）指出这些将企业创新作为持续性战略决策的企业，会持续地努力开发新产品/服务，从而更有可能识别和获取外部知识源的新知识，从长期来看这个过程有利于企业通过创新活动的开展实现企业绩效的提高。换句话说，企业可通过持续地创新活动来塑造企业的动态能力（Eisenhardt & Martin，2000；Teece，1997），而企业的动态能力有助于其在不断变化的市场环境中重新整合企业自身的资源，从而提升其进一步获利的能力（Damanpour et al., 2009；Roberts & Amit，2003）。有学者认为企业通过创新不断塑造的动态能力是企业的稀缺资源之一，且很难被竞争对手所模仿获得（Bayus et al., 2003）。

基于此，并结合质性分析的研究结论，我们提出下述假设：

H7：酒店创新对酒店绩效有正向影响。

4.5 研究模型与研究假设总结

为了更加清晰地分析酒店创新形成的机理及其作用机制，基于质性研究结论，结合本章理论分析，我们将按照"资源—能力—绩效"的逻辑来构建"外部知识源—内部资源—吸收能力—酒店创新—酒店绩效"的分析框架。从而通过后续实证研究，以期对酒店企业的外部知识源管理、创新资源配置、创新能力和吸收能力培育，以及企业绩效的提高提供更有针对性的管理建议。

我们认为酒店外部知识源对酒店创新具有积极促进作用，并提出该促进作用并不一定是直接的，质性研究指出该作用是通过吸收能力的中介效应完成的。此外，我们认为酒店内部资源对酒店创新具有积极的促进作用，亦对酒店吸收能力具有正向的促进作用。同时，我们认为酒店创新对酒店绩效具有积极促进作用。为了实证检验酒店创新的作用机理及其对酒店绩效的作用机制，我们提出酒店创新实现机理及其作用机制概念模型，如图 4-8 所示。

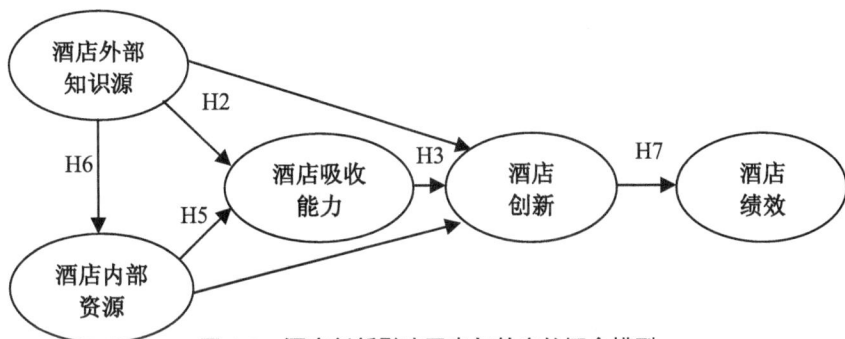

图 4-8 酒店创新影响因素与效应的概念模型

表 4-4 总结了与模型（参见图 4-8）对应的研究假设。研究总体框架是"外部知识源—酒店内部资源—吸收能力—酒店创新—酒店绩效"。

表 4-4　酒店企业创新影响因素与效应的研究假设

序号	研究假设
假设 H1	酒店外部知识源对酒店创新有正向影响
假设 H2	酒店外部知识源对酒店吸收能力有正向影响
假设 H3	酒店吸收能力对酒店创新有正向影响
假设 H4	酒店内部资源对酒店创新有正向影响
假设 H5	酒店内部资源对酒店吸收能力有正向影响
假设 H6	酒店外部知识源对酒店内部资源有正向影响
假设 H7	酒店创新对酒店绩效有正向影响

4.6　本章小结

本章在第 3 章质性研究得出的关于酒店创新影响因素及其作用机制的初步假设命题基础上，结合相关理论和研究文献，进行了更为详细深入的分析。基于对酒店创新形成的不同研究视角，我们将兼顾酒店外部知识源对酒店创新的影响机制和酒店内部资源对酒店创新的影响机制，研究框架是"资源—能力—绩效"。第 5 章我们将对该概念模型开展进一步的实证分析。

第 5 章　研究设计与方法论

在上述章节所进行的规范性理论推理和质性研究基础上，本章对酒店创新形成机理及其作用机制概念模型进行定量的实证研究，希望能够检验所提出概念模型的有效性和合理性，以期更为科学地阐释酒店创新形成机理及其作用机制。本研究属于酒店企业层面的管理研究，由于研究中涉及企业外部知识源、吸收能力、企业内部资源等信息无法从公开资料中直接获取，因此，本研究采用对较大范围酒店企业进行问卷调查的方式来收集数据，进而进行定量实证研究，具体地分为问卷设计、问卷发放、数据收集、数据录入、数据分析等步骤。本章将对本研究所采用的研究方法进行详细阐述，具体从问卷设计、变量测度、数据收集和分析方法与程序等方面分别展开。

5.1　问卷设计

本书实证研究中所涉及的变量包括酒店外部知识源、酒店吸收能力、酒店创新、酒店绩效等，但目前并没有针对酒店企业的较完备的数据库。一方面，现有的针对企业层面的数据库如中国经济研究中心数据库（CCER）、WIND数据库、国泰安数据库（CSMAR）等都是针对上市公司的；另一方面，这些针对上市公司的数据库虽然也包含一些上市的酒店企业，但基本上是关于企业治理结构、企业绩效等方面的数据，而本研究中所需的数据并没有涉及。因此，本书实证研究部分所用到的数据不能直接从现有数据库获得，基于此，我们选择采用问卷调查的方法来收集数据。

5.1.1　问卷设计过程

问卷调查法是研究者运用统一设计的问卷向被调查对象了解相关情况或征求相应意见的调查方法，由于其操作简便、灵活的特点，是现阶段国内外实证研究者们经常采用的数据收集方法之一。本研究采用问卷调查法收集数据，从而获得详实、可靠的第一手资料。合理的研究构思和问卷设计过程是保证研究信度与效度的重要前提。问卷中所涉及各个变量测量的目的与测量量表的构思是问卷设计最核心、最重要的内容，不同的研究目的和理论依据对同一个概念（Construct）的问卷题项设计均有不同，不同的研究目的和理论依据是问卷项内容、总体安排和量表构成的前提与基础（王重鸣，1990）。根据邱吉尔（Churchill，1979）量表开发研究的经典文献，在变量的测量题项（Items）存在一致性的前提下，运用多个题项比单个题项更能提高被测变量的信度。因此，本研究在问卷设计中借鉴已有研究经验，在对各变量设置测量题项时尽量采用多个题项进行测度，即由一组针对某种事物的态度或看法的陈述句组成（李怀祖，2004）。

根据邱吉尔等（Churchill，1979；Dunn，Seaker，& Waller，1994）研究中采用的问卷调查方法，本书采用以下步骤和方法展开问卷调查，从而保证研究构思与问卷设计的合理性，以及信度和效度。

（1）第一阶段：开展文献研究与变量测量的题项设计。

在国内外影响因子高的管理期刊上检索、收集、阅读、整理大量关于酒店创新经验研究、企业外部知识源与创新、吸收能力、创新绩效等领域的国内外文献，充分了解、整理现有文献中的相关研究结论。在此基础上我们发现虽然已有研究尚未对酒店创新形成的机理及其对创新绩效的作用进行研究，但已有研究文献在吸收能力、企业外部知识源、企业资源观等相关领域的研究成果为本研究奠定了基础。通过对企业外部知识源、吸收能力、资源观等相关研究文献的梳理，并根据上一章提炼的酒店创新影响因素及其作用机制概念模型，选择研究变量，借鉴权威实证研究中已成功使用的量表，初步设计研究变量的测量题项。

（2）第二阶段：结合对酒店业界人士的访谈，形成初始问卷。

借鉴已有文献我们设定了相关的研究变量和各变量的测量题项，为避免问卷调研过程中调研资料的不完备性、调研问题出现歧义等问题，我们对大连市高星级酒店的 13 位中高层管理者进行了访谈，在此基础上形成了初始问卷。

（3）第三阶段：就初始问卷征求学术团队的意见。

在初始问卷形成后，就初始问卷的调查方式、问卷结构、问题设置、措辞等方面，研究者征求了包括导师在内的论文指导小组专家的意见。针对专家提出的意见对问卷进行了进一步的修改和完善。

（4）第四阶段：通过预测试对问卷题项进行纯化。

为了初步检验调查问卷是否符合被调研企业的特点，是否较全面地反映了本研究所调研的问题，调查问卷使用的语言是否符合被调研对象的理解等问题，本研究在正式调研之前进行小范围预测试，将问卷以电子邮件的方式发给 10

位酒店企业中高层管理者进行预测试。由于作者在质性研究阶段与这些酒店中高层管理者建立了联系，并进行了深入访谈，因此，在他们的帮助下，预测试过程十分顺利。根据被测试者的反馈和建议，对部分测量题项的措辞、语句表达方式等进行了润色、修改。

（5）第五阶段：确定最终正式问卷。

在预测试的基础上，作者进一步审查问卷修改稿并仔细调整了调查问卷的字体、提示、版面设计等细节问题。经过反复修改后，最终确定了用于大规模调查的正式问卷（参见附录）。

本研究调查问卷的设计流程如图 5-1 所示。

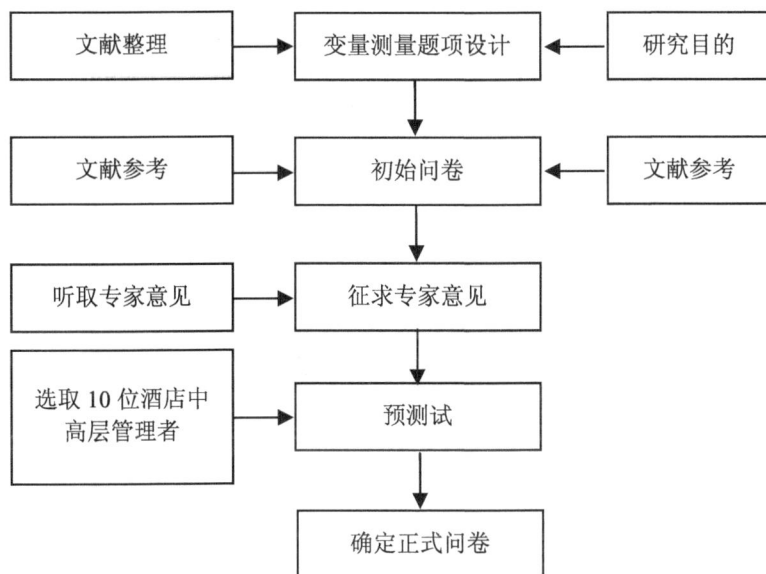

图 5-1　本研究调查问卷的设计流程

5.1.2　问卷设计的可靠性保障

问卷设计的可靠性就是在问卷设计过程中要注意内容的合理性和科学性。马庆国（2002）指出问卷设计时应注意以下几点：（1）研究问题应根据研究目标来设置；（2）问卷中所提的问题应根据调查对象的特点来设置；（3）应避免设置难以获得诚实回答的问题；（4）通过变换问题的表述或提问的方式来获得那些受访者不愿意直接回答但又必须获得的数据。王重鸣（1990）指出问卷的内容和设计涉及四个层次：研究目的与理论构思、问卷的格式、问卷中对变量测量题项的表达语句和问卷用词。问卷中子量表的构成应根据问卷设计的目的来确定；问卷中的语句表达应尽量简洁，避免语句复杂、多重含义或暗含某种假设，或带有引导性的语句表达等问题；问卷中对变量测量的题项用语应尽量明确、具体；此外，问卷内容的用词应避免过于抽象，并适当控制受访者的反应偏向。

由于社会科学研究中的研究变量大多难以进行直接的量化测量（马庆国，2002），因此，本研究在对变量测量的方法上采用李克特量表打分法。李克特量表是研究中通过调查问卷收集数据时普遍采用的一种测度方法，其基本思想是：当研究者需要对调查对象看待某一事物或事件的态度或那些无法由量化指标说明的问题时，可以采用分值来区别和划分这些信息，从而使其量化，以方便下一步的定量分析。在量表刻度的选择上，虽然自 20 世纪 40 年代以来，75%以上的研究文献都采用 5 级量表对变量进行测度（吴晓冰，2009），但是，杨静（2006）认为采用 7 级量表可以增加被测变量的变异量，提高变量之间的区分度，因此受到了很多学者的青睐。基于此，本研究的调查问卷题项采取李克特 7 级量表进行测度，在相应变量测量题项中界定了数字 1~7，依次表示为"1—完全反对，2—非常不同意，3—比较不同意，4——般，5—比较同意，6—非常同意，7—完全同意"。

此外，基于此方法进行调研时，得到的数据来自被调查者的主观评价，而由于被调查者难免会受到文化价值观等因素的影响，其回答难免会影响到问卷测度的客观性，从而导致数据与客观事实存在偏差，最终使得研究结果出现较大误差（王鹏耀，2011），使得问卷量表的信度、效度降低。学者们将这种影响称作"称许性反应差异"，即个体行为由于受到文化价值观的影响而趋同于社会所接受的方式和程度，是被试者的一种反应偏差（韩振华、任剑峰，2002）。虽然此类误差在利用调查问卷收集数据时不可避免，但仍可以采取一系列措施来降低其对获取准确数据的负面影响，以下对本研究所采取的相应措施予以说明。

（1）根据李等（Lee et al., 2001）提出的避免一致性动机问题的建议，本研究的调查问卷中没有明确提及研究的内容和逻辑，此外，为了排除被调查者根据问题出现的顺序而无意识受到相关内容因果关系等暗示的影响，本研究将酒店绩效题项放置在其他测度变量之后，从而保障最终问卷结果的可靠性。

（2）为了减少因被调查者不了解相关信息而带来的负面影响，本研究选择了在问卷发放酒店工作两年以上，且对酒店整体运营情况十分熟悉的中高层管理人员来填写问卷，并告知被调查者就不清楚的问题积极向研究者咨询后作答。

（3）为了减少因被调查者虽知道某些问题的答案但不愿作答而带来的负面

影响，本研究在问卷设置时明确提出：该研究纯属学术研究目的，通过问卷所获得的信息不会用于任何商业目的，并承诺对被调查者提供的信息严格保密。

（4）为了减少因被调查者回忆相关信息困难而带来的负面影响，本问卷主要涉及被调查企业近三年内的情况，从而尽量避免因被调查者记忆问题引起的偏差。

（5）为了减少被调查者因对问卷所设置问题难以理解而带来的负面影响，本研究在问卷设计时考虑到了学术语言与业界实践语言存在的差异，在问卷设计过程中广泛听取酒店业界与学术专家的意见，并对问卷进行了预测试，对调查问卷的遣词造句进行了大量修改，去掉了很多学术性的名词，而以酒店业界约定俗成的对应叫法替代。

5.1.3　问卷的基本内容

本书的问卷设计主要围绕酒店创新的形成机理及酒店创新对酒店绩效的影响展开，要求问卷的内容能为本研究各部分内容提供所需的有效数据。根据上述章节提炼得出的研究目的和研究内容，围绕这些研究目的和研究内容，本研究设计的调查问卷主要包括以下几方面的基本内容。

（1）酒店企业背景信息。

（2）酒店外部知识源。酒店外部知识源主要考察对酒店创新活动产生影响的外部组织，其中包括供应商、顾客、竞争者（其他酒店）、互补性旅游企业（如旅行社、景点等）、高等院校、其他科研机构、酒店相关的期刊/杂志、酒店业相关的会议。

（3）酒店吸收能力，包括酒店对外部知识的识别能力、获取能力、消化能力、转换能力和应用能力。

（4）酒店创新，包括酒店产品/服务创新、酒店过程创新、酒店组织创新、酒店营销创新。

（5）酒店绩效，包括酒店财务绩效和酒店非财务绩效两个维度的内容。

5.2　变量测度

5.2.1　酒店外部知识源的测量

在对企业利用外部知识源的研究中，学者们大都从企业利用外部知识源的规模和强度两个维度来进行测量（王志玮，2010；田丹，2008）。经济合作组织（OECD）在奥斯陆手册（OSLO Manual）中对企业外部知识源中作为企业创新的外部知识源主体进行了分类（OECD，1997），该手册为 OECD 国家的知识创新提供指南（Lundvall，1992）。OECD 认为企业外部知识源中的知识来源可以分为四大类：来自市场的知识、来自特定机构的知识、来自其他领域的特殊知识、来自特定标准领域的知识，共 18 种，如表 5-1 所示。

表 5-1   企业创新的外部知识源及其分类

类别	内容
市场	供应商的设备、元件或软件
	用户（包括中间和最终用户），特别是领先用户
	同行业竞争者或互补品生产者形成的战略联盟
	知识密集型服务企业（包括管理咨询、会计法律等咨询公司）
	商业化的实验室/研发型企业
	新兴企业与风险投资公司
机构	大学或者其他高等教育机构
	政府研究机构
	其他公共研究部门
	私人研究机构
其他领域的特殊知识	专业学术会议
	贸易协会
	技术/贸易出版社/数据库
	展销会/博览会
特定标准领域	技术标准
	健康、安全标准与管制要求
	环境标准和政府管制要求
	其他

资料来源：OECD（1997）。

鉴于 OECD 对外部知识源的分类并不是针对服务企业而言的，因此并不是完全适用于酒店创新。结合埃斯克里瓦诺等（Escribano et al., 2009；Kostopoulosa et al., 2011）研究中对企业外部知识源的研究分类，以及王志玮（2010）和田丹（2008）的研究，并参考酒店企业实地调研与专家意见，使用下述题项来测度酒店利用外部知识源的情况（参见表 5-2）。

表 5-2　酒店外部知识源的测量题项

测量题项	测度依据
用户或分销商（产业链下游）	Gilsing 和 Duysters（2008）； 田丹（2008）；Escribano 等（2009）； 王志玮（2010）； Kostopoulosa 等（2011）；
设备、原材料供应商（产业链上游）	
酒店业内竞争对手	
互补性的其他旅游企业（如旅行社、景点等）	
咨询公司（包括法律、财务、酒店业咨询公司等）	
大学或其他高等教育机构	
政府各部门	
公共研究院（旅游研究院等）	
专利信息	
酒店业论坛、学术会议、著作及期刊	
酒店相关的交易会、博览会	
酒店行业协会	
酒店服务标准（酒店星评等）	
公共规章条例（环境、饮食安全规范与要求）	

资料来源：本研究整理所得。

5.2.2　酒店内部资源的测量

坎托等（Del Canto & González，1999）基于资源观理论对企业创新活动的决定因素进行实证研究，他们将影响企业创新的内部资源划分为三个维度进行测度：财务资源（Financial Resources）、物化资源（Physical Resources）和无形资源（Intangible Resources）。此外，加伦德等（Galende & Fuente，2003）亦是根据企业资源观理论对影响企业创新的内部资源因素进行实证研究，其中将企业内部资源分为有形资源、无形资源和战略资源三个维度分别进行测量。罗明等（Romijn & Albaladejo，2002）对企业创新能力的影响因素进行实证研究，将企业内部因素归纳为企业管理者的专业背景、员工的技能、企业内部提高技术方面所做的努力等。

在上述研究成果的基础上，结合酒店企业实地调研与专家意见，使用下述题项来测度酒店内部资源（参见表 5-3）。

表 5-3　酒店内部资源的测量题项

测量题项	测度依据
酒店拥有较大规模的客房数	Del Canto 和 González（1999）；Romijn 和 Albaladejo（2002）；Galende 和 Fuente（2003）
酒店员工的受教育程度较高	
酒店总经理以前的工作经验与现在工作的相关度较高	
酒店总经理拥有与酒店工作相关的学士学位或以上	
酒店总经理对待酒店产品/服务创新持积极态度	
酒店拥有完善的员工培训计划	
酒店拥有专业化的管理团队	
酒店利用信息及通讯技术的程度较高	
在市场竞争中，酒店主要采取差异化竞争战略	
酒店属于国际性连锁酒店品牌的分支机构	
酒店营业收入中用于软、硬件设备投入及信息通讯技术更新改造的投入额较高	

资料来源：本研究整理所得。

5.2.3　酒店吸收能力的测量

在研究吸收能力对创新能力、创新绩效、企业成长的定量研究中，吸收能力通常被当作一个笼统的概念加以研究（王志玮，2010）。王志玮（2010）指出将吸收能力的概念作为一个整体不加以维度划分的研究不利于深刻认识吸收能力的前因变量（the antecedents）及结果变量（the consequences）。虽然已有研究中，学者们一致认为吸收能力是一种多维度的动态能力，但对吸收能力的维度划分尚未形成一致的观点，如科恩等（Cohen & Levinthal，1990；Lane，Koka，& Pathak，2006）认为可将吸收能力的作用过程分为三个阶段，而托多洛娃等（Todorova & Durisin，2007；Camisón & Forés，2010）研究认为该过程应分为四个阶段。扎赫拉和乔治（Zahra & George，2002）将吸收能力划分为潜在吸收能力（Potential Absorptive Capacity）和现实吸收能力（Realized Absorptive Capacity），在此之后，詹森（Jansen，2005）在扎赫拉和乔治（Zahra & George，2002）的基础上进行了实证研究，并开发了测量吸收能力的问卷题项，研究结果表明将吸收能力概念划分为四个维度比划分为两个维度具有更好的解释力。

本研究对吸收能力各维度划分的相关研究进行了初步总结，总体上吸收能力包括对外部知识的识别能力、获取能力、消化能力、转化能力和应用能力几个部分的动态能力，如表 5-4 所示。

表 5-4　吸收能力维度划分研究

维度	相关研究
识别能力	Cohen 和 Levinthal（1990）；Lane 等（2006）；Todorova 和 Durisin（2007）
获取能力	Lane 和 Lubatkin（1998）；Zahra 和 George（2002）；Todorova 和 Durisin（2007）；Camisón 和 Forés（2010）
消化能力	Cohen 和 Levinthal（1990）；Szulanski（1996）；Zahra 和 George（2002）；Lane 等（2006）；Todorova 和 Durisin（2007）；Camisón 和 Forés（2010）
转化能力	Kogut 和 Zander（1992）；Van den Bosch 等（1999）；Zahra 和 George（2002）；Todorova 和 Durisin（2007）；
应用能力	Cohen 和 Levinthal（1990）；Zahra 和 George（2002）；Lane 等（2006）；Todorova 和 Durisin（2007）

资料来源：本研究整理所得。

在上述研究成果的基础上，结合本研究对酒店企业的调研与专家意见，为了较全面地考察吸收能力概念的内涵，本研究在对吸收能力变量进行测度时分别就酒店对外部知识的识别能力、获取能力、消化能力、转化能力和应用能力五个维度设定了相应的测量题项进行测度，如表 5-5 所示。在下一章的实证研究中，本研究将对吸收能力各维度进行探索性因子分析，根据实证研究结果确认酒店企业吸收能力概念维度的划分方式。

表 5-5　酒店吸收能力的测量题项

测量题项	测度依据
酒店能够快速识别出从外部获取的新知识对现有知识的用途	Cohen 和 Levinthal（1990）；Lane 等（2006）；Todorova 和 Durisin（2007）；韦影（2005）；王志玮（2010）
酒店能迅速感知市场、行业的变化	
酒店了解行业内领先的技术、产品或服务的状况	Zahra 和 George（2002）；Jansen 等（2005）；Todorova 和 Durisin（2007）；Camisón 和 Forés（2010）；张军（2007）；王志玮（2010）
酒店能快速有效地获取客户、市场的需求信息	
酒店设置了专门的机构，对本酒店吸收外部知识的情况进行评估、协调和促进	Szulanski（1996）；Jansen 等（2005）；Todorova 和 Durisin（2007）；Camisón 和 Forés（2010）；韦影（2006）；王志玮（2010）
酒店员工知识发送方经常通过正式或非正式渠道交流，以促进知识的有效吸收	
酒店经常组织跨部门之间定期或不定期地对从外部获取的新知识进行交流，以促进知识吸收	Kogut 和 Zander（1992）；Jansen 等（2005）；Nieto 和 Quevedo（2005）；Todorova 和 Durisin（2007）；韦影（2006）；王志玮（2010）
酒店能很快地把从外部获取的新知识转化成易为本酒店员工理解的方式	
酒店形成了高效利用外部知识的程序	

续表

测量题项	测度依据
酒店能很快根据新知识引入相应的酒店产品/服务创新	Zahra 和 George（2002）；Jansen 等
酒店能很快利用所消化的新知识开发新产品或新服务项目	（2005）；Todorova 和 Durisin（2007）；Camisón 和 Forés（2010）；韦影
酒店有很强的推出新产品/服务并使其商业化的能力	（2006）；刘璐，杨惠馨（2008）

资料来源：本研究整理所得。

5.2.4　酒店创新的测量

从已有文献来看，对企业创新的测量主要从技术创新和管理创新两个维度进行测度（Daft，1978；Damanpour，1991；林文宝，2001；彭光顺，2010）。此外，从酒店创新的实证研究来看，奥尔菲拉等（Orfila-Sintes & Mattsson，2009）对酒店创新的研究中从管理创新、与外部的沟通方式创新、服务创新和后台创新四个维度对酒店创新进行测度；而奥尔菲拉等（Orfila-Sintes et al., 2005）在对酒店业的创新活动进行研究时，是从传统制造业创新的视角出发，集中研究酒店企业的技术创新维度；颂波等（Sundbo et al., 2007）对丹麦和西班牙两个国家的旅游企业创新活动进行的比较研究中，包含了对酒店企业创新活动的研究，其测量指标主要包括酒店技术创新和服务创新两个维度。有学者对旅游企业（包括酒店）的创新活动进行测度时，首次从产品创新、过程创新、组织创新和营销创新四个维度对旅游企业创新进行测度（Rønningen，2010）。

在上述研究成果的基础上，结合酒店企业实地调研与专家意见，本书选用罗宁根（Rønningen，2010）研究中对酒店创新的测度方法和题项设置，使用下述题项来测度酒店创新（参见表 5-6）。

表 5-6　酒店创新的测量题项

测量题项	测度依据
酒店在近三年中采用过新的或明显改进的产品或服务	
酒店采用新的产品/服务提供方法，或对现有产品/服务提供方法的显著改进	
对酒店运营过程中所需物质资源的供给方式、产品/服务的传递方式等方面的创新或显著优化	Verspagen（2005）；Rønningen（2010）
酒店运营中所涉及的采购、信息维护、会计等支持性活动的重大改革或创新	
酒店服务质量的显著提升	

测量题项	测度依据
酒店使用了新的物质性生产要素，或对现有的物质性生产要素质量的显著提升	
酒店采用新的知识管理体系或对现有知识管理体系进行重大调整以提高组织内部信息、知识和技能的利用或交流的效率	
酒店管理结构的调整或改变，或不同部门、不同经营活动的整合	
酒店通过联盟、战略合作、外部采购或服务外包等形式与其他企业或公共机构的关系发生重大改变	
对酒店宣传资料、网站等展示其产品/服务的媒介进行重新设计或更换包装（常规的或季节性的改变除外）	
酒店销售方式发生改变，如网络销售、特许经营、直接销售或分销许可等形式的采用	
酒店市场定位发生改变，或向新的细分市场进行销售	

资料来源：本研究整理所得。

5.2.5　酒店绩效的测量

对酒店企业绩效的测量不同于对制造业企业绩效的测量。在国外关于酒店业的相关研究中，已有一系列针对酒店绩效的测度方法，并在相应的定量研究中得到了验证。其中大部分研究从酒店财务绩效（Financial Performance）和酒店非财务绩效（Non-financial Performance）两个维度对酒店绩效进行测度（Fantazy et al., 2010；Jogaratnam & Tse，2004）。常等（Chang et al., 2003；Gunasekaran，2004；Jogaratnam & Tse，2004；Fantazy et al., 2009）在研究中均对酒店非财务绩效进行了操作化的测量，主要是从顾客对酒店提供产品/服务的满意度方面对酒店非财务绩效进行测度，具体地，包括三个测量题项：（1）顾客接受到酒店服务所需要的等待时间长度；（2）顾客所感知到的酒店服务价值；（3）酒店所提供的服务在多大程度上能满足个性化的顾客需求。针对酒店财务绩效的测度，有学者在研究中选用净利润和投资收益率两个指标来衡量酒店的财务绩效（Fantazy et al., 2009）；谢等（Jogaratnam & Tse，2004）在研究中沿用古普塔等（Gupta & Govindarajan，1989）的测量方法，通过现金流量、销售总额、净利润、市场份额和销售增长率等指标对酒店财务绩效进行测度。

在上述研究成果的基础上，结合酒店企业实地调研与专家意见，使用下述题项来测度酒店绩效（参见表 5-7）。

表 5-7 酒店绩效的测量题项

测量题项	测度依据
酒店提供服务需要顾客等待的时间与主要竞争对手相比更少	Chang 等（2003）；Gunasekaran（2004）；Jogaratnam 和 Tse（2004）；Fantazy 等（2009）
酒店顾客所感知的酒店服务价值与主要竞争对手相比更高	
酒店所提供服务满足顾客个性化需求的程度与竞争对手相比更高	
酒店顾客整体满意度与主要竞争对手相比水平更高	
酒店销售利润率与主要竞争对手相比水平更高	Gupta 和 Govindarajan（1989）；Jogaratnam 和 Tse（2004）；Fantazy 等（2009）
酒店总资产收益率与主要竞争对手相比水平更高	
酒店市场占有率与主要竞争对手相比水平更高	

资料来源：本研究整理所得。

5.3 问卷的小样本测试

我们通过预调研对调查问卷的长度、问卷内容的准确性、各变量测量的信度和内容效度进行评估，以作为修改问卷内容的依据，小样本测试的目的是要获得精简的、有效的变量测量量表。我们采用因子分析的方法对变量测量的题项进行提炼整合，以期在正式调研时使用更为可信、有效的调查问卷。因子分析是指研究从变量群中提取共性因子的统计技术，该分析方法可在许多变量中找出隐藏的具有代表性的因子。将相同本质的变量归入一个因子，可减少变量的数目，并检验变量间关系的假设（Field，2005）。本研究将根据一定的标准，逐一将问卷中那些信度较低或在主成分因子上的因子载荷较低的题项进行删除。

5.3.1 数据收集

在进行预调研之前，于 2011 年 11 月对调查问卷进行了预测试。被测对象为 5 位在大连市五星级酒店工作的中高层管理者。我们主要让被试者对问卷中涉及的 5 个主要概念的可靠性进行评估，并让他们指出问卷中容易产生歧义的中文表述。由于问卷中对各个概念的测量题项大都是借鉴英文文献的研究结果并将其翻译为中文，因此问卷题项表达的准确性和连贯性等问题尤其需要引起注意。根据 5 位被试者的反馈意见，我们将调查问卷的内容进行了一定的修改，以便进一步运用调查问卷进行预调研。

本研究在 2011 年 11 月至 2011 年 12 月进行了预调研。预调研阶段问卷调查主要通过委托发放的途径进行。为了提高问卷回收质量，笔者委托了 7 位联系人（均在大连市），其中 1 位是政府职员，6 位为酒店高层管理人员，充分利用他们的社会关系网络发放问卷。在委托时笔者详细地向联系人交代问卷调查的酒店类型以及对受访者的要求，请他们严格按照研究要求发放问卷，共发放问卷 250 份，回收 122 份。

5.3.2　数据整理和样本描述

通过对回收问卷进行初步检查，发现共有 16 份不合格问卷，其中 12 份问卷填写不完整，另有 4 份问卷中不同题项的选择答案几乎没有差异，所以予以剔除。剔除不合格问卷后，得到实际有效样本 106 份，有效问卷回收率为 42.4%。受访者基本特征的分布情况统计结果如表 5-8 所示。

表 5-8　受访者基本特征的分布情况统计（N=106）

基本特征		分布（%）
性别	男	53.3
	女	46.7
年龄	<24 岁	12.6
	25 岁～35 岁	61.8
	36 岁～44 岁	21.3
	45 岁～55 岁	4.3
受教育程度	中学	14.9
	职业技术学校或 2～3 年高等专科学校教育	62.33
	本科学位	22.7
	硕士及以上	0.07
在酒店行业工作时间	<1 年	1.7
	1 年～3 年	19.5
	3 年～6 年	33.7
	6 年以上	45.1
在贵酒店的工作时间	<1 年	6.2
	1 年～3 年	29.2
	3 年～6 年	31
	6 年以上	33.6
职务	总经理/驻店经理	4
	部门经理	29.5
	分部门经理	57.5
	其他管理职务	9

续表

	基本特征	分布（%）
部门	综合管理	14.2
	销售	10.5
	前厅	12.7
	客房	14.2
	餐饮	21.5
	行政	11.3
	财务	4.7
	工程	0
	人力资源	7.6
	其他部门	3.3
酒店星级水平	1~2 星级酒店	16.8
	3 星级酒店	34.2
	4 星级酒店	26.3
	5 星级酒店	22.7

5.3.3　小样本数据的分析方法

在小样本测试阶段，本研究主要通过小样本的信度和效度分析来筛选各变量的测量题项。尽管调查问卷中使用的对概念测量的题项均是借鉴已得到实证检验的外文文献，但我们在使用这些题项进行调研之前仍需对其在中国本土和酒店企业的适用性等方面进行检验，根据初步检验结果对调查问卷的题项设置进行信度、效度检验，并在检验的基础上予以精简，以期采用更为科学、合理的调查问卷测量工具来开展后续的大样本正式调研。

信度（Reliability）是指调查问卷中设置的不同题项对同一潜变量的测量程度，信度分析的主要作用是用来检验基于问卷调查获得的数据是否具有一致性和稳定性。信度越大，说明用于解释一个潜变量的各观测变量具有共方差的程度越高。信度可分为两大类：内在信度和外在信度。内在信度是指对一个潜在变量进行测度的量表题项的内在一致性程度，是运用多项量表进行测度中主要考察的内容，以此判断不同题项是否是对同一概念进行测量，尤其以李克特分级量表特别重视内在一致性程度的检验（王鹏耀，2011）；外在信度是指衡量不同时间量表测量的一致性程度。由于本研究所使用的调查问卷是采用李克特 7级量表，且没有进行多次重复测量，所以主要采用内在信度检验。内在信度检验的方法有折半信度和克朗巴哈（Cronbach's α）系数两种方法。本书选用

Cronbach's α 系数方法检验测量项目的信度，其计算公式为：

$$\alpha = \left[k / (k-1) \right] \left(1 - \sum s_i^2 / s^2 \right)$$

其中，k 代表某一潜变量的测量题项数目；s_i^2 代表每一题项得分的变异量；s^2 代表该潜变量测验总分的变异量。Cronbach's α 系数的大小代表问卷的信度水平，就一般情况而言，Cronbach's α 系数越大说明调查问卷的信度越高。本研究采用 SPSS 18.0 软件中刻度（Scale）模块的信度分析对变量进行信度检验，用两种标准来判断变量的可信度：（1）按照农纳利（Nunnally，1978）提出的测量项目 Cronbach's α 信度系数的标准作为参考依据，即当该 Cronbach's α 值大于 0.7 时是可接受的范围；（2）选用修正的题项—总体相关系数（Corrected Item-Total Correlation，CITC）来反映，李怀祖（2004）认为 CITC 值大于 0.35 是样本数据的信度通过检验的最低限度。本研究利用 Cronbach's α 信度系数法检验测量题项的信度，如若删除某测量条款后 Cronbach's α 信度系数增大，说明可以删除该题项，并以 0.35 作为纯化（Purify）问卷中各变量测量题项的标准（Field，2005；李怀祖，2004）。

效度是指研究中所运用的测量工具能正确测量出所要衡量的性质的程度，即测量的准确性程度，包括内容效度（Content Validity）和构思效度（Construct Validity）。内容效度旨在检测测量题项涵盖研究主题的程度，主要通过定性的判断来检测其内容效度。本书通过文献分析和访谈的方式，对测量题项的合理性和代表性进行检测。由于本研究所采用的测量题项均是已被有关文献实证检验的量表，并结合本研究实证调研和专家意见加以修正，因此认为具有较高的内容效度。构思效度旨在检验所测题项能测度相关变量的程度。在小样本预测试阶段，本研究采用探索性因子分析（Exploratory Factor Analysis，EFA）对问卷的构思效度进行检验，并寻找多元观测变量的本质结构，将具有错综复杂关系的变量综合为少数几个核心因子。

在进行探索性因子分析之前，本研究选用抽样适度测定值（Kaiser-Meyer-Olykin，KMO）对样本充分性进行测度并进行巴特莱特球体检验（Bartlett Test of Sphericity）来判断是否可进行因子分析。马庆国（2002）认为 KMO 在 0.5 以下，不合适；0.5～0.6，很勉强；0.6～0.7，不太合适；0.7～0.8，合适；0.8～0.9，很合适；在 0.9 以上，表示非常合适。巴特莱特球体检验的统计值显著性概率小于等于显著性概率时，可以做因子分析（马庆国，2002）。本研究对 KMO 值在 0.7 以上的进行因子分析。

本研究使用 SPSS18.0 软件中数据精简（Data Reduction）模块的因子分析（Factor Analysis）来进行探索性因子分析，采用主成分分析（Principle Component

Methods）的因子提取方法和最大方差的旋转（Varimax）方法，按照特征根（Eigenvalue）大于 1 的方式提取因子（Field，2005）。在对各个题项的效度进行评价时，遵循以下几个判断原则：（1）题项在所属因子的载荷量，大于 0.5 说明具有收敛效度，否则予以删除；（2）每一题项所对应的因子载荷必须越大越好，但如若某题项在两个或以上因子的载荷大于 0.5，属于交叉载荷（Cross-loading）现象，本研究予以删除，以提高不同变量测量题项之间的区分效度，而若某题项在所有因子上的载荷均小于 0.5，亦予以删除。

5.3.4 探索性因子分析和测量题项的纯化

5.3.4.1 酒店外部知识源的探索性因子分析和信度检验

经检验，酒店外部知识源的 KMO 样本测度和巴特莱特球体检验结果均符合做因子分析的要求。进而对酒店外部知识源的测量题项进行探索性因子分析。在对酒店外部知识源（规模）进行因子分析时发现，"酒店业论坛、学术会议、著作及期刊"题项在因子 2（公共机构类）和因子 3（综合信息类）两个因子上存在交叉载荷（Cross-loading）现象，在这两个因子上的载荷均高于 0.5，说明该题项所测量的潜在概念意义不清晰，因此我们将该题项予以删除。根据特征根大于 1，最大因子载荷大于 0.5 的要求，我们提取出 3 个因子，并根据各因子的属性和对应题项的内容，分别将其命名为市场类因子、公共机构类因子和综合信息类因子。

接着对酒店外部知识源各因子进行信度分析，以检验各因子内部的题项之间的一致性。如表 5-9 所示，各变量的 Cronbach's α 系数均大于 0.7，除"专利信息"题项外，其他删除某个题项后的 α 系数均比该变量测量量表总的 α 系数要小，说明"专利信息"题项与其他题项的一致性较差，根据信度检验标准，该题项予以删除，删除后再进行信度检验，各指标均通过了信度检验，可见酒店外部知识源的测量题项之间具有较好的内部一致性。

表 5-9　酒店外部知识源的探索性因子分析和信度检验（N=106）

题项	因子载荷	特征值	解释方差	题项—总体相关系数	删除该题项后 Cronbach's α	Cronbach's α
因子 1：市场类		3.08	23.78			0.85
S01 用户或分销商（产业链下游）	0.81			0.59	0.90	
S02 设备、原材料供应商（产业链上游）	0.79			0.58	0.89	
S03 酒店业内竞争对手	0.74			0.50	0.88	

续表

题项	因子载荷	特征值	解释方差	题项—总体相关系数	删除该题项后 Cronbach's α	Cronbach's α
S04　互补性的其他旅游企业（如旅行社、景点等）	0.67			0.47	0.90	
S05　咨询公司（包括法律、财务、酒店业咨询公司等）	0.62			0.69	0.88	
因子 2：公共机构类		3.01	23.61			0.84
S06　大学或其他高等教育机构	0.61			0.65	0.88	
S07　政府各部门	0.78			0.59	0.88	
S08　公共研究院（旅游研究院等）	0.65			0.63	0.90	
因子 3：综合信息类		2.47	17.93			0.81
S11　酒店相关的交易会、博览会	0.77			0.71	0.89	
S12　酒店行业协会	0.84			0.66	0.88	
S13　酒店服务标准（酒店星评等）	0.74			0.58	0.88	
S14　公共规章条例（环境、饮食安全规范与要求）	0.80			0.66	0.90	

附：KMO=0.882，Bartlett 统计值显著异于 0（P<0.001）。

5.3.4.2　酒店内部资源的探索性因子分析和信度检验

经检验得知酒店内部资源的 KMO 样本测度值为 0.861，大于 0.8，Bartlett 统计值显著异于 0（P<0.001），因此适合进一步进行因子分析。进而，我们对酒店内部资源进行探索性因子分析发现，"酒店总经理拥有与酒店工作相关的学士或以上学位"题项在各个主成分因子上的载荷均低于 0.5，因此我们将该题项删除，删除后重新对酒店内部资源各题项进行探索性因子分析，结果表明所有题项的因子载荷均大于 0.5，且没有出现交叉载荷现象。我们将酒店内部资源归纳为三个因子：硬件/软件资源、组织管理和组织战略。

对酒店内部资源各因子进行信度检验，结果如表 5-10 所示。酒店内部资源的信度检验结果较为理想，各因子的 Cronbach's α 值介于 0.82 至 0.88 之间，均高于农纳利（Nnnally，1978）建议的 0.7 水平，且各题项的题项—总体相关系数均大于 0.35，可见酒店内部资源的测量题项之间具有较好的内部一致性。

表 5-10   酒店内部资源的探索性因子分析和信度检验（N=106）

题项	因子载荷	特征值	解释方差	题项—总体相关系数	删除该题项后 Cronbach's α	Cronbach's α
因子 1：硬件/软件资源		5.21	21.98			0.88
R01 酒店拥有较大规模的客房数	0.81			0.64	0.94	
R11 酒店营业收入中用于软、硬件设备投入及信息通讯技术更新改造的投入额较高	0.73			0.61	0.94	
R02 酒店员工的受教育程度较高	0.70			0.62	0.94	
R03 酒店总经理以前的工作经验与现在工作的相关度较高	0.68			0.59	0.93	
R05 酒店总经理对待酒店产品/服务的创新持积极态度	0.61			0.54	0.91	
因子 2：组织管理		2.28	18.74			0.89
R06 酒店拥有完善的员工培训计划	0.73			0.39	0.94	
R07 酒店拥有专业化的管理团队	0.75			0.58	0.92	
R08 酒店利用信息及通讯技术的程度较高	0.69			0.48	0.91	
因子 3：组织战略		2.84	14.73			0.82
R09 在市场竞争中，酒店主要采取差异化竞争战略	0.58			0.59	0.94	
R10 酒店属于国际性连锁酒店品牌的分支机构	0.69			0.63	0.94	

附：KMO=0.861，Bartlett 统计值显著异于 0（P<0.001）。

5.3.4.3   酒店吸收能力的探索性因子分析和信度检验

经检验得知酒店内部资源的 KMO 样本测度值为 0.804，大于 0.8，Bartlett

统计值显著异于 0（P<0.001），因此适合进一步进行因子分析。进而，我们对酒店吸收能力进行探索性因子分析发现，"酒店能很快根据新知识引入相应的酒店产品/服务创新"题项存在交叉载荷现象，即在因子 2（识别获取能力）和因子 3（应用开发能力）上的载荷均大于 0.5，说明该题项所测量的潜在概念意义不清晰，因此我们将该题项予以删除。根据特征根大于 1，最大因子载荷大于 0.5 的要求，我们提取出 3 个因子：消化吸收能力、识别获取能力和应用开发能力。

接着对酒店吸收能力各因子分别进行信度分析，以检验各因子内部的题项之间的一致性。如表 5-11 所示各题项的题项—总体相关系数均大于 0.35，各变量的 Cronbach's α 系数均大于 0.7，可见酒店吸收能力的测量题项之间具有较好的内部一致性。

表 5-11　酒店吸收能力的探索性因子分析和信度检验（N=106）

题项	因子载荷	特征值	解释方差	题项—总体相关系数	删除该题项后Cronbach's α	Cronbach's α
因子 1：消化吸收能力		3.04	23.71			0.89
A05 酒店设置了专门的机构，对本酒店吸收外部知识的情况进行评估、协调和促进	0.78			0.66	0.87	
A06 酒店员工知识发送方经常通过正式或非正式渠道交流，以促进知识的有效吸收	0.76			0.59	0.87	
A07 酒店经常组织跨部门之间定期或不定期地对从外部获取的新知识进行交流，以促进知识吸收	0.67			0.58	0.87	
A08 酒店能很快地把从外部获取的新知识转化成易为本酒店员工理解的方式	0.64			0.58	0.86	
因子 2：识别获取能力		2.78	17.59			0.81
A01 酒店能够快速识别出从外部获取的新知识对现有知识的用途	0.83			0.64	0.89	

题项	因子载荷	特征值	解释方差	题项—总体相关系数	删除该题项后 Cronbach's α	Cronbach's α
A02 酒店能迅速感知市场、行业的变化	0.81			0.60	0.87	
A03 酒店了解行业内领先的技术、产品或服务的状况	0.79			0.59	0.86	
A04 酒店能快速有效地获取客户、市场的需求信息	0.63			0.53	0.84	
因子3：应用开发能力		2.23	10.28			0.75
A09 酒店形成了高效利用外部知识的程序	0.81			0.68	0.89	
A11酒店能很快利用所消化的新知识开发新产品或新服务项目	0.79			0.67	0.88	
A12 酒店有很强的推出新产品/服务并使其商业化的能力	0.67			0.65	0.88	

　　附：KMO=0.804，Bartlett 统计值显著异于 0（P<0.001）。

5.3.4.4　酒店创新的探索性因子分析和信度检验

　　经检验得知酒店创新的 KMO 样本测度值为 0.818，大于 0.8，Bartlett 统计值显著异于 0（P<0.001），因此适合进一步进行因子分析（参见表 5-12）。进而，我们对酒店创新进行探索性因子分析发现，"酒店服务质量的显著提升"题项存在交叉载荷现象，即在因子 2（过程创新）和因子 4（产品/服务创新）上的载荷均大于 0.5，说明该题项所测量的潜在概念意义不清晰，我们将该题项予以删除。根据特征根大于 1，最大因子载荷大于 0.5 的要求，我们提取出 4 个因子：组织创新、过程创新、市场创新和产品/服务创新。其中，酒店产品/服务创新因子由一个题项独立构成，虽然郭爱芳（2010）认为一个题项自成一个因子时，很难保证其内部一致性，但鉴于文献研究和对酒店企业的访谈均认为酒店产品/服务创新是酒店创新的重要维度之一，因此本研究将该题项予以保留，以便在后续大样本调研中更全面地反映酒店创新情况。

　　对酒店创新的各因子分别进行信度分析，以检验各因子内部的题项之间的一致性。检验结果显示，各题项的题项—总体相关系数均大于 0.35，各变量的 Cronbach's α 系数均大于 0.7，可见酒店创新的测量题项之间具有较好的内部一致性。

表 5-12　酒店创新的探索性因子分析和信度检验（N=106）

题项	因子载荷	特征值	解释方差	题项—总体相关系数	删除该题项后 Cronbach's α	Cronbach's α
因子 1：组织创新		2.91	21.17			0.90
I07 酒店采用新的知识管理体系或对现有知识管理体系进行重大调整以提高组织内部信息、知识和技能的利用或交流的效率	0.80			0.59	0.89	
I08 酒店管理结构的调整或改变，或不同部门、不同经营活动的整合	0.79			0.55	0.88	
I09 酒店通过联盟、战略合作、外部采购或服务外包等形式与其他企业或公共机构的关系发生重大改变	0.61			0.51	0.88	
因子 2：过程创新		2.74	19.89			0.89
I02 酒店采用新的产品/服务提供方式，或对现有产品/服务提供方法的显著改进	0.77			0.60	0.89	
I03 对酒店运营过程中所需物质资源的供给方式、产品/服务的传递方式等方面的创新或显著优化	0.72			0.59	0.87	
I04 酒店运营中所涉及的采购、信息维护、会计等支持性活动的重大改革或创新	0.67			0.53	0.86	
I06 酒店使用了新的物质性生产要素，或对现有的物质性生产要素质量的显著提升	0.60			0.51	0.83	
因子 3：市场创新		2.46	10.03			0.88
I10 酒店宣传资料、网站等展示其产品/服务的媒介进行重新设计或更换包装（常规的或季节性的改变除外）	0.69			0.68	0.89	

题项	因子载荷	特征值	解释方差	题项—总体相关系数	删除该题项后Cronbach's α	Cronbach's α
I11 酒店销售方式发生改变，如网络销售、特许经营、直接销售或分销许可等形式的采用	0.67			0.66	0.87	
I12 酒店市场定位发生改变，或向新的细分市场进行销售	0.63			0.58	0.87	
因子4：产品/服务创新		2.10	9.03			0.83
I01 酒店在近三年中采用过新的或明显改进的产品或服务	0.70			0.60	0.84	

附：KMO=0.818，Bartlett 统计值显著异于 0（P<0.001）。

5.3.4.5　酒店绩效的探索性因子分析和信度检验

经检验得知酒店内部资源的 KMO 样本测度值为 0.817，大于 0.8，Bartlett 统计值显著异于 0（P<0.001），因此适合进一步进行因子分析。进而，我们对酒店绩效进行探索性因子分析发现，"酒店所提供服务满足顾客个性化需求的程度与竞争对手相比更高"题项在因子上的载荷低于 0.5，因此我们将该题项删除，删除后重新对酒店绩效各题项进行探索性因子分析，结果表明所有题项的因子载荷均大于 0.5，且没有出现交叉载荷现象。酒店绩效的探索性因子分析结果如表 5-13 所示，根据特征根大于 1，最大因子载荷大于 0.5 的要求，我们提取一个因子。

其次，对酒店绩效进行信度检验。酒店绩效的信度检验中，"酒店提供服务需要顾客等待的时间与主要竞争对手相比更少"题项的题项—总体相关系数小于 0.35，因此我们将该题项删除，删除后，整体信度水平从 0.68 提高到 0.75。此外，各题项的题项—总体相关系数均大于 0.35，各变量的 Cronbach's α 系数均大于 0.7，可见酒店绩效的测量题项之间具有较好的内部一致性。

表 5-13 酒店绩效的探索性因子分析和信度检验（N=106）

题项	因子载荷	特征值	解释方差	题项—总体相关系数	删除该题项后 Cronbach's α	Cronbach's α
		2.64	53.71			0.75
P02 酒店顾客所感知的酒店服务价值与主要竞争对手相比更高	0.80			0.63	0.68	
P04 酒店顾客整体满意度与主要竞争对手相比水平更高	0.76			0.60	0.71	
P05 酒店销售利润率与主要竞争对手相比水平更高	0.58			0.55	0.73	
P06 酒店总资产收益率与主要竞争对手相比水平更高	0.57			0.51	0.73	
P07 酒店市场占有率与主要竞争对手相比水平更高	0.56			0.48	0.76	

附：KMO=0.817，Bartlett 统计值显著异于 0（P<0.001）。

基于以上分析，本研究通过预调研阶段获得的数据运用探索性因子分析等方法对调查问卷的信度进行了检验，并对问卷中的题项进行了精简，最终获得了 50 个题项（参见表 5-14），我们将采用这些题项进一步展开正式调研。

表 5-14 正式调研使用的调查问卷所包含题项的总结

概念	测量维度	题项数目
酒店外部知识源	维度一：市场类 维度二：公共机构类 维度三：综合信息类	12
酒店内部资源	维度一：硬件/软件资源 维度二：组织管理 维度三：组织战略	10
酒店吸收能力	维度一：消化吸收能力 维度二：识别获取能力 维度三：应用开发能力	11
酒店创新	维度一：组织创新 维度二：过程创新 维度三：市场创新 维度四：产品/服务创新	11
酒店绩效	无维度划分	5

5.4 大样本数据收集

5.4.1 数据收集

所收集数据是否符合研究的基本要求，将直接影响到研究的质量。为了获取高质量的样本数据，本研究对问卷调查对象和问卷发放渠道进行了详细计划与严格控制，以期尽可能地保证数据的可靠性和代表性。

（1）问卷调查的区域选择方面，为尽可能降低不同经济发展区域对酒店企业相关变量统计分析的影响，该研究集中在辽宁省国际化旅游都市——大连市进行问卷调查，对该地酒店企业发放问卷。

（2）问卷填写的对象选择方面，本问卷针对具有两年以上工作经验的中高层管理者、部门经理等进行发放，从而保证填写问卷的人员对酒店企业的整体情况比较熟悉，进而保证数据收集的质量。

（3）问卷发放渠道选取方面，本研究采用如下三种渠道和方法：①网络搜索。通过中华人民共和国国家旅游局网站、辽宁省旅游信息网、大连市旅游局官网进入"企业名录"菜单后，选择"星级酒店"菜单，并以"大连市"为区域条件进行搜索，得到大连市酒店企业的名称；以酒店企业名称作为关键词逐一在谷歌和百度搜索，若搜索到相关酒店的电子邮箱地址则发送电子邮件问卷。②关键被调查人技术。通过个人网络关系，一方面委托大连市相关管理机构帮助发送问卷，另一方面向在酒店行业工作的人员发送问卷，这些人大多是企业高层，并通过他们的关系网络进一步发送问卷。③直接走访。通过研究者带着调查问卷访问符合研究条件的酒店企业，这些酒店一部分是通过以上关键被调查人的社会关系取得联系，然后笔者带着调查问卷上门进行问卷填写，另一部分是笔者直接与酒店的公关部门取得联系，然后上门填写。

本次问卷总共发放 450 份，在数据录入的过程中对回收的问卷进行完整性检查，删除一致性回答、漏答等不符合要求的问卷，回收有效问卷 203 份，如表 5-15 所示。其中，笔者通过网络搜索途径直接发放问卷 150 份，回收有效问卷 34 份，有效率为 22.7%；委托大连市相关管理机构发放问卷 150 份，回收有效问卷 67 份，有效率为 44.7%；委托酒店工作的朋友发放问卷 50 份，回收有效数据 21 份，有效率为 42%；而笔者直接走访发放问卷 100 份，回收有效数据 81 份，有效率最高，达 81%。整体而言，问卷有效回收率并不高，为 45.1%，但本研究没有将本次问卷回收的未答复偏差（Nonresponse Bias）予以考虑。这是因为 203 份完整问卷已经满足方法论上对样本容量的要求：本调查问卷中虽然涉及的题项为 50 个，但其中酒店外部知识源和酒店内部资源是分别作为子研究进行模型估计的，2 个子研究所涉及的题项分别为 39 个和 37 个，根据（Bollen，1989）提出的关于样本容量与测量变量比值的 5 倍建议，本书获得的 203 份有效数据大于伯伦（Bollen，1989）对 SEM 测量模型中关于样本容量的要求（39×5=195）。

表 5-15　正式调研问卷发放与回收情况汇总

问卷发放与回收方式	发放数量	回收数量	回收率	有效数量	有效率
网络搜索	150	42	28%	34	22.7%
委托相关管理机构	150	73	48.7%	67	44.7%
委托酒店工作的朋友	50	26	52%	21	42%
直接走访	100	81	81%	81	81%
合计	450	222	49.3%	203	45.1%

注：问卷回收率=问卷回收数量 / 问卷发放数量
　　问卷有效率=问卷有效数量 / 问卷发放数量

5.4.2　样本描述

根据本研究需要，样本分布情况主要通过调查酒店的星级水平、样本酒店的经营年限和样本酒店的每可售房收入分布等指标进行描述性统计分析，以描述样本的类别、构成情况。

5.4.2.1　样本酒店的星级水平分布

本研究所搜集样本酒店的星级水平分布情况如图 5-1 所示，其中，35.8%的酒店属于五星级酒店，40.6%的酒店属于三星级酒店，四星级酒店占样本总量的比重为 23.6%。

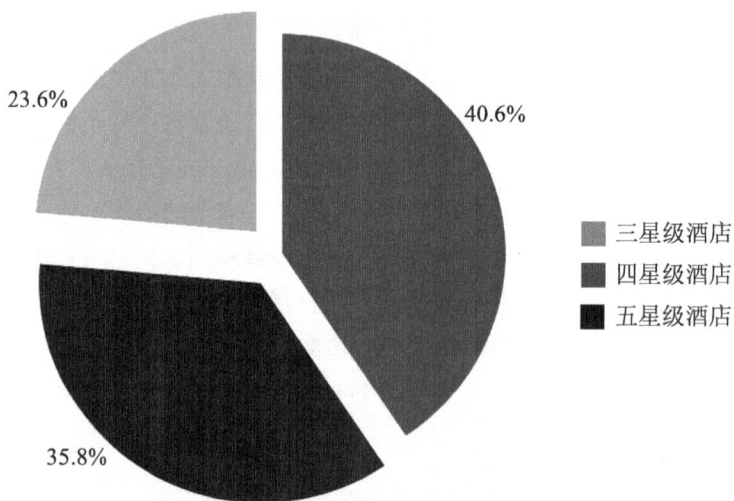

图 5-1　样本酒店的星级水平分布

5.4.2.2　样本酒店的经营年限分布

根据本研究所收集的调查问卷，本研究所收集的样本酒店的经营年限分布如图 5-2 所示，其中，经营年限在 5 年～10 年的酒店占样本总量的 45.3%，经营年限在 3 年～5 年的酒店占样本总量的 38.7%，经营年限在 10 年以上的酒店占样本总量的 8.5%，经营年限少于 3 年的酒店占样本总量的 7.5%。

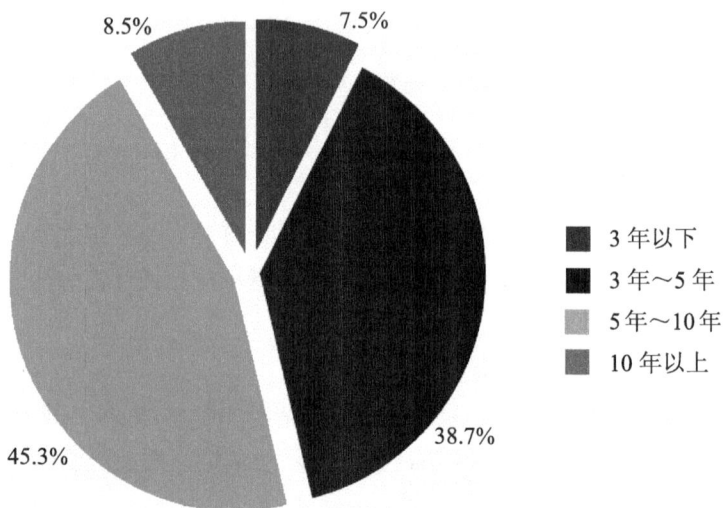

图 5-2　样本酒店的经营年限分布

5.4.2.3　样本酒店的每可售房收入分布

根据本研究所收集的调查问卷，样本酒店的每可售房收入分布如图 5-3 所示，其中，每可售房收入在 100 元～300 元之间的酒店占样本总量的 23.6%，每可售房收入在 301 元～500 元之间的酒店占样本总量的 45.8%，每可售房收入在 501 元～1000 元之间的酒店占样本总量的 27.5%，每可售房收入在 1000 元以上的酒店占样本总量的 3.1%。

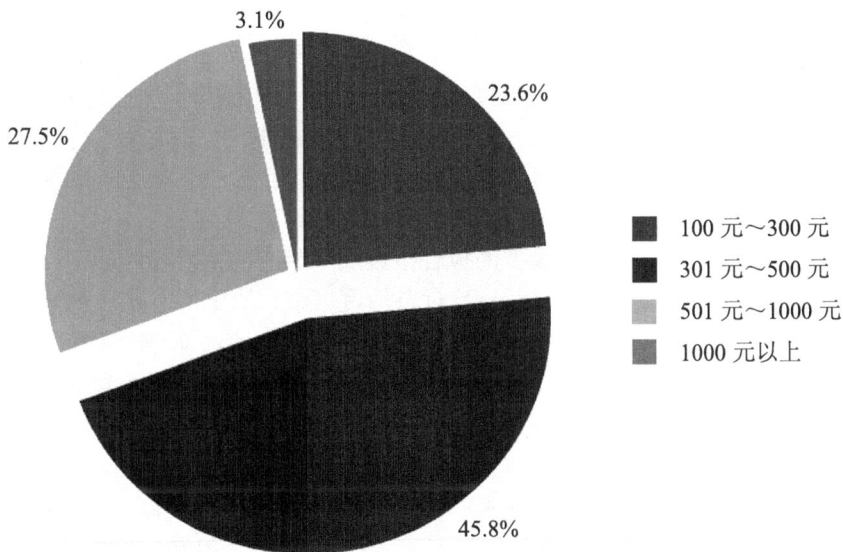

图 5-3　样本酒店的每可售房收入分布

5.5　实证分析方法

除本书 5.3 节用到的信度和效度检验方法外，本研究对利用大样本调查获得的数据进行描述性统计分析、验证性因子分析（Confirmatory Factor Analysis，CFA）和结构方程建模与拟合。本研究所使用的分析软件为 SPSS（Statistics Package for Social Science）18.0 版和 AMOS（Analysis of Moment Structures）18.0 版。具体的分析方法如下。

（1）描述性统计分析

描述性统计分析主要说明各变量的最大值、最小值、均值、标准差等情况，同时对样本的特性和构成情况做出描述。

（2）验证性因子分析（CFA）

通常在研究中，任何一个测量量表的开发都是以一系列文献和理论作支撑的，虽然探索性因子分析（EFA）可探索测量的因子数量，并根据题项在因子上的载荷情况进行命名，但该方法更倾向于统计，而非变量之间或变量内各题项间的逻辑关系（黄芳铭，2005），因此 EFA 难以对一组变量测度的结构效度提供理论说明。学者们更倾向于采用 CFA 来进行测量效度和信度的评估（黄芳铭，2005）。郭爱芳（2010）认为 CFA 是研究者基于理论对开发的测量量表进行验证，检验已知的特定结构是否按照预期的方式产生作用，它的分析更具逻辑性，也更具操作性。本研究将使用 AMOS 18.0 软件进一步运用大样本数据对变量做验证性因子分析，通过数据与测量模型的拟合分析，验证各观测变量的因子结构与先前的构想是否相符。

本研究用于评价和选择模型的拟合指数及其相应的判断标准如下：

① χ^2/df，即卡方（Chi-square）对自由度（df）的比值，是一种基于拟合函数（Fit Function）的绝对拟合指数。它能较为恰当地选择一个参数不太多的模型，从而调节模型的复杂程度，弥补了 χ^2 检验倾向于接纳比较复杂模型的缺点。具体地，本研究选择 $2<\chi^2/df<5$，模型可以接受；若 $\chi^2/df\leqslant2$，模型拟合非常好（Byrne，2001）。

② 近似误差均方根（RMSEA），该指标受样本容量的影响较小，是较为理想的绝对拟合指数。若 RMSEA 低于 0.1，表示模型拟合得好；若低于 0.05，表示模型拟合得非常好；若低于 0.01，则表示模型拟合得非常出色（Steiger，1990；Bagozzi & Yi，1988；MacCallum，Browne，& Sugawara，1996），但王志玮（2010）认为最后一种情况在具体模型检验实践中几乎碰不到。

③ 塔克—刘易斯指数（Tucker-Lewis Index，TLI）是相对拟合指数的一种，该指数在近年的拟合指数研究中逐渐受到推崇。TLI 值的变化范围并非一定在 0 和 1 之间。一般认为，若 TLI 越接近于 1，表示模型拟合程度越好，模型可接受范围为 TLI$\geqslant$0.90（Tucher Lewis 1973；Hair，Black，& Anderson，2009）。

④ 比较拟合指数（Comparative Fit Index，CFI）亦是相对拟合指数的一种，该指数受样本容量的影响较小，即使是对小样本模型拟合时也能比较敏感地反映预设模型的变化，是较为理想的相对拟合指数。其值位于 0 和 1 之间，若 CFI $\geqslant$0.90，模型可接受；CFI 越接近于 1 表明模型拟合越好（Bagozzi & Yi，1988；Bentler，1992）。

（3）结构方程建模与拟合

在对各变量测量量表的信度和效度进行检验之后，本研究将运用结构方程模型法（Structural Equation Modeling，SEM）对第 4 章提出的酒店创新影响因素及其作用机制的概念模型进行检验，通过概念模型与样本数据的拟合情况，分析找出模型中拟合欠佳的部分，并予以修正，以期得到一个相对满意的模型。在具体模型拟合过程中采用软件 AMOS 18.0 版进行。

结构方程模型是一种融合了多元回归分析、路径分析和验证性因子分析的多元统计技术，是基于变量的协方差分析变量之间关系的一种统计方法。侯杰泰等（2004）、黄芳铭（2005）提出由于社会科学研究中很多变量难以准备和直接地测量，只能以另外可观察的变量作为这些潜变量的替代性标识，而这些潜变量不可避免地包含大量测量误差（王志玮，2010）。传统统计分析方法要求可观察变量不存在测量误差，因此在很多情况下传统分析方法难以估计社会科学研究中存在测量误差的潜变量测度问题。结构方程模型允许自变量和因变量存在测量误差，且可对潜变量之间的结构关系予以估计，因此该方法被广泛应用于在心理学、社会学、经济学等领域的研究中。

由于本书所研究的酒店创新影响因素与效应的概念模型中所涉及的酒店外部知识源、酒店吸收能力、酒店内部资源、酒店创新和酒店绩效等变量具有难以直接测度、主观性强、测度误差较大、因果关系比较复杂等特点，因此本研究非常适合采用结构方程模型建模和拟合。

结构方程模型的应用可大致分为四个步骤（侯杰泰等，2004）：①模型构建（Model Specification），根据以往研究和理论来构建假设的初始概念模型；②模型拟合（Model Fitting），设法拟合出模型的解，其中主要是模型参数的估计；③模型评价（Model Assessment），对模型与数据是否拟合进行检视；④模型修正（Model Modification），对不能很好拟合数据的模型进行修正和再次设定。结构方程分析的核心是拟合研究者所提出变量间的关联模式，通过模型检验判断是否与实际数据拟合以及拟合的程度如何，从而对研究者的理论研究模型进行验证。与验证性因子分析中的拟合指标选择相同，本研究将选用 χ^2/df、RMSEA、TLI 和 CFI 四类指标作为评价结构模型的拟合指数。

5.6　本章小结

本章从问卷设计、变量测度、问卷的小样本测试、大样本数据收集和分析方法等五个方面进行了论述。问卷设计经过了五个阶段的不断修改和测试，并分别采取四项措施以尽量降低受访者对题项做出非准确性答案对获取客观、合理数据的负面影响，从而保证问卷设计的合理性和科学性。在变量的测度上，本研究以现有文献和研究为基础，尽量参照文献中已通过实证检验的相关变量的测度方法，并结合调研情况最终确定各变量的初始测量量表。在此之后，对初始变量进行了小规模预测试，利用小样本调研获得的 106 份有效数据对初始变量的测量量表进行信度和效度的初步检验，结合检验结果对初始测量量表中不符合研究方法要求的题项予以删除，从而净化问题项。在大样本数据收集阶段，本研究对大样本数据收集的受访对象、调查区域和样本容量进行了严格控制，并对样本的特征和分布情况进行了描述。在分析方法中，本研究对所涉及的主要分析方法和参照标准进行了描述。本部分研究为进一步的大规模实证研究提供了方法论方面的理论和操作依据。在下一章，本书将运用已获取的数据运用上述方法和标准，对第 4 章提出的假设和概念模型进行实证检验。

第6章 实证研究结果

本章将运用第 5 章所阐述的方法对第 4 章构建的初始概念模型进行实证检验。根据方法论的要求，首先对大样本数据进行描述性统计和信度检验，然后对各变量的测量题项进行探索性因子分析，并对各变量测量模型进行验证性因子分析，最后展开结构方程建模，来验证理论分析所提出的假设和变量间的关系模型。

6.1 描述性统计、探索性因子分析和信度检验

我们对大样本进行基本的描述性统计分析，并验证小样本测试结论中提炼的各变量测量题项的因子，此外，还对各题项和各因子的信度进行检验。检验结果如下各表所示：表 6-1 是酒店外部知识源的描述性统计、EFA 和信度检验结果；表 6-2 是酒店内部资源的描述性统计、EFA 和信度检验结果；表 6-3 是酒店吸收能力的描述性统计、EFA 和信度检验；表 6-4 是酒店创新的描述性统计、EFA 和信度检验结果；表 6-5 是酒店绩效的描述性统计、EFA 和信度检验结果。运用大样本数据对各变量进行探索性因子分析结果与小样本测试结果基本一致，各变量因子的提取得到了证实，基于此，我们将进一步通过验证性因子分析对其结构情况进行验证；其次，各变量指标均满足前文所述的信度检验指标要求，通过了信度检验，说明各变量的测度具有良好的内部一致性。

表 6-1 酒店外部知识源的描述性统计、EFA 和信度检验（N=203）

题项（简写）	均值	标准差	因子载荷	特征值	解释方差	题项—总体相关系数	删除该题项后的信度 α 系数	信度 α 系数
市场类				3.19	24.53			0.89
S01 用户或分销商	5.84	1.26	0.76			0.57	0.91	
S02 设备、原材料供应商	5.86	1.21	0.76			0.53	0.90	

续表

题项（简写）	均值	标准差	因子载荷	特征值	解释方差	题项—总体相关系数	删除该题项后的信度 α 系数	信度 α 系数
S03 业内竞争对手	5.46	1.43	0.73			0.55	0.89	
S04 互补性旅游企业	4.43	1.41	0.72			0.62	0.90	
S05 咨询公司	4.92	1.66	0.63			0.71	0.90	
公共机构类				3.02	23.83			0.90
S06 大学或其他高等教育机构	3.27	1.59	0.80			0.68	0.89	
S07 政府各部门	3.69	1.47	0.79			0.69	0.90	
S08 公共研究院	3.18	1.56	0.72			0.59	0.91	
综合信息类				2.71	18.14			0.90
S11 酒店相关的交易会、博览会	4.50	1.81	0.89			0.61	0.90	
S12 酒店行业协会	4.88	1.66	0.86			0.56	0.89	
S13 酒店服务标准	5.07	1.21	0.68			0.65	0.89	
S14 公共规章条例	4.72	1.44	0.63			0.53	0.90	

附：KMO=0.807，Bartlett 统计值显著异于 0（P<0.001）。

表 6-2　酒店内部资源的描述性统计、EFA 和信度检验（N=203）

题项（简写）	均值	标准差	因子载荷	特征值	解释方差	题项—总体相关系数	删除该题项后的信度 α 系数	信度 α 系数
硬件/软件资源				5.47	23.02			0.94
R01 客房数	5.28	1.38	0.83			0.59	0.95	
R02 员工受教育程度	5.23	1.32	0.80			0.51	0.96	
R03 总经理以前的工作经验	5.17	1.48	0.76			0.55	0.95	
R11 对软、硬件的投入额	3.64	1.39	0.69			0.53	0.95	
R05 总经理对待创新态度	4.50	1.31	0.63			0.57	0.96	
组织管理				3.01	19.40			0.91
R06 员工培训计划	4.72	1.22	0.81			0.58	0.94	
R07 专业化管理团队	4.66	1.30	0.76			0.51	0.91	
R08 信息通讯技术的利用	4.35	1.41	0.73			0.47	0.91	

题项（简写）	均值	标准差	因子载荷	特征值	解释方差	题项—总体相关系数	删除该题项后的信度 α 系数	信度 α 系数
组织战略				2.84	14.73			0.94
R09 差异化竞争战略	4.95	1.40	0.61			0.66	0.95	
R10 国际性连锁经营	4.50	1.31	0.70			0.64	0.95	

附：KMO=0.873，Bartlett 统计值显著异于 0（P<0.001）。

表 6-3 酒店吸收能力的描述性统计、EFA 和信度检验（N=203）

题项（简写）	均值	标准差	因子载荷	特征值	解释方差	题项—总体相关系数	删除该题项后的 α 系数	信度 α 系数
消化吸收能力				3.17	24.13			0.91
A05 设置专门机构对外部知识进行评估、协调和促进	3.31	1.70	0.74			0.60	0.89	
A06 员工经常交流，以促进知识的有效吸收	5.01	1.82	0.67			0.61	0.87	
A07 经常组织跨部门之间对从外部获取的新知识进行交流	5.18	1.71	0.60			0.53	0.89	
A08 很快地把从外部获取的新知识加以转化	4.98	1.65	0.54			0.58	0.89	
识别获取能力				2.96	16.97			0.87
A01 能快速识别从外部获取的新知识的用途	4.27	1.35	0.74			0.65	0.87	
A02 酒店能迅速感知市场、行业的变化	5.01	1.42	0.62			0.62	0.88	
A03 了解行业内领先技术、产品或服务状况	4.92	1.39	0.60			0.53	0.85	
A04 能快速获取客户、市场的信息	4.32	1.19	0.57			0.58	0.85	

题项（简写）	均值	标准差	因子载荷	特征值	解释方差	题项—总体相关系数	删除该题项后的 α 系数	信度 α 系数
应用开发能力				2.51	12.14			0.90
A09 形成了高效利用外部知识的程序	4.74	1.30	0.74			0.55	0.90	
A11 能很快利用所消化的新知识开发新产品	4.13	1.49	0.72			0.57	0.89	
A12 有很强的推出新产品/服务并使其商业化的能力	4.32	1.56	0.65			0.69	0.89	

附：KMO=0.826，Bartlett 统计值显著异于 0（P<0.001）。

表 6-4　酒店创新的描述性统计、EFA 和信度检验（N=203）

题项（简写）	均值	标准差	因子载荷	特征值	解释方差	题项—总体相关系数	删除该题项后的信度 α 系数	信度 α 系数
组织创新				2.94	23.06			0.90
I07 知识管理体系	4.20	1.43	0.70			0.53	0.88	
I08 管理结构的调整或改变	4.75	1.38	0.63			0.61	0.89	
I09 联盟、战略合作、外部采购或服务外包	5.22	1.61	0.60			0.58	0.89	
过程创新				2.72	20.58			0.82
I03 对运营过程中所需物质资源的供给方式的创新或显著优化	4.52	1.46	0.74			0.58	0.77	
I04 支持性活动的重大改革或创新	3.93	1.34	0.63			0.53	0.79	
I06 使用了新的物质性生产要素	4.58	1.28	0.59			0.50	0.83	
市场创新				2.44	8.29			0.91
I10 酒店宣传资料、网站等进行重新设计或更换包装	4.89	1.37	0.74			0.73	0.89	

续表

题项（简写）	均值	标准差	因子载荷	特征值	解释方差	题项—总体相关系数	删除该题项后的信度 α 系数	信度 α 系数
I11 销售方式发生改变	4.38	4.51	0.62			0.81	0.87	
I12 市场定位发生改变，或向新的细分市场进行销售	4.51	1.20	0.53			0.70	0.89	
产品/服务创新				1.96	7.07			0.83
I01 向顾客提供新的或明显改进的产品/服务	4.89	1.23	0.86			0.74	0.83	
I02 采用新的产品/服务提供方式	4.79	1.38	0.67			0.69	0.84	

附：KMO=0.826，Bartlett 统计值显著异于 0（P<0.001）。

表 6-5　酒店绩效的描述性统计、EFA 和信度检验（N=203）

题项（简写）	均值	标准差	因子载荷	特征值	解释方差	题项—总体相关系数	删除该题项后的信度 α 系数	信度 α 系数
				2.91	54.66			0.78
P02 顾客所感知的酒店服务价值	5.05	1.35	0.76			0.57	0.83	
P04 顾客整体满意度	4.89	1.34	0.69			0.50	0.79	
P05 酒店销售利润率	4.35	1.34	0.67			0.49	0.76	
P06 酒店总资产收益率	4.52	1.18	0.54			0.46	0.80	
P07 酒店市场占有率	3.89	1.42	0.50			0.66	0.79	

附：KMO=0.865，Bartlett 统计值显著异于 0（P<0.001）。

6.2　验证性因子分析

本章 6.1 部分的实证检验，得出本研究所设计的量表通过了探索性因子分析，进一步对所有变量做验证性因子分析，以确保所测变量的因子结构与先前访谈、理论分析部分的构思相符。进行验证性因子分析采用的样本为 203 份有效问卷。

6.2.1 酒店外部知识源

对酒店外部知识源的市场类、公共机构类和综合信息类三个维度进行验证性因子分析。由于酒店外部知识源概念的测度中，包含不止一个层次的潜变量，因此我们有必要对各个层次分别进行验证（Byrne，2001）。酒店外部知识源概念的测量量表由三个维度共 12 个题项所组成，因此，我们有必要对酒店外部知识源概念分别进行一阶（First-order）验证性因子分析和二阶（Second-order）验证性因子分析。酒店外部知识源的测量模型如图 6-1 所示，一阶验证性因子分析的拟合结果如表 6-6 所示，二阶验证性因子分析的拟合结果如表 6-7 所示。

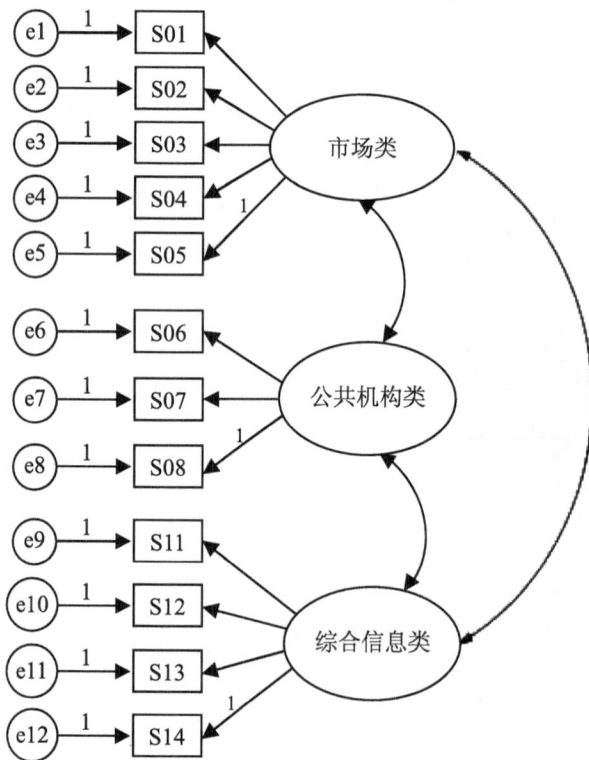

图 6-1 酒店外部知识源的测量模型

表 6-6 酒店外部知识源的一阶验证性因子分析（N=203）

路径			标准化系数	路径系数	S.E.	C.R.	P
S01	←--	市场类	0.661	1.000			
S02	←--	市场类	0.623	0.999	0.068	11.103	***
S03	←--	市场类	0.783	1.412	0.064	10.021	***
S04	←--	市场类	0.842	1.231	0.063	10.276	***
S05	←--	市场类	0.851	1.311	0.076	10.034	***
S06	←--	公共机构类	0.764	1.000			
S07	←--	公共机构类	0.908	1.059	0.051	12.457	***
S08	←--	公共机构类	0.524	0.856	0.054	7.695	***
S11	←--	综合信息类	0.632	1.000			
S12	←--	综合信息类	0.728	1.243	0.052	8.701	***
S13	←--	综合信息类	0.846	1.458	0.048	8.466	***
S14	←--	综合信息类	0.734	1.337	0.051	8.506	***
χ^2	72.946				CFI		0.966
df	41				TLI		0.954
χ^2/df	1.875				RMSEA		0.057

注：***表示显著性水平 p<0.001。

表 6-7 酒店外部知识源的二阶验证性因子分析（N=203）

路径			标准化系数	路径系数	S.E.	C.R.	P
市场类	←--	酒店外部知识源	0.821	0.640	0.051	8.081	***
公共机构类	←--	酒店外部知识源	0.740	0.572	0.069	11.503	***
综合信息类	←--	酒店外部知识源	0.987	0.536	0.057	10.208	***
χ^2	72.944				CFI		0.966
df	39				TLI		0.955
χ^2/df	1.880				RMSEA		0.061

注：***表示显著性水平 p<0.001。

酒店外部知识源的一阶验证性因子分析的拟合结果表明，χ^2 值为 72.946（自由度 df=41），χ^2/df 值为 1.875，小于 2；CFI 和 TLI 都大于 0.9，接近于 1；RMSEA 的值为 0.057，小于 0.1；各路径系数均在 P<0.001 的水平上具有统计显著性。酒店外部知识源的二阶验证性因子分析的拟合结果表明，χ^2 值为 72.944（自由度 df=39），χ^2/df 值为 1.880，小于 2；CFI 和 TLI 都大于 0.9，接近于 1；RMSEA 的值为 0.061，小于 0.1；各路径系数均在 P<0.001 的水平上具有统计显著性。可见，该模型拟合效果很好，图 6-1 所示的因子结构通过了验证。即本研究对

酒店外部知识源三个维度的划分与测度是有效的。

6.2.2　酒店内部资源

酒店内部资源概念包含不止一个维度，鉴于酒店内部资源的测量题项分属三个不同的维度：硬件/软件资源、组织管理和组织战略，共 10 个题项，因此其不仅包含一个层次的潜变量，我们应对酒店内部资源分别进行一阶验证性因子分析和二阶验证性因子分析（Byrne，2001），从而科学、全面地评估酒店内部资源测量模型。酒店内部资源的测量模型如图 6-2 所示，一阶验证性因子分析的拟合结果如表 6-8 所示，二阶验证性因子分析的拟合结果如表 6-9 所示。

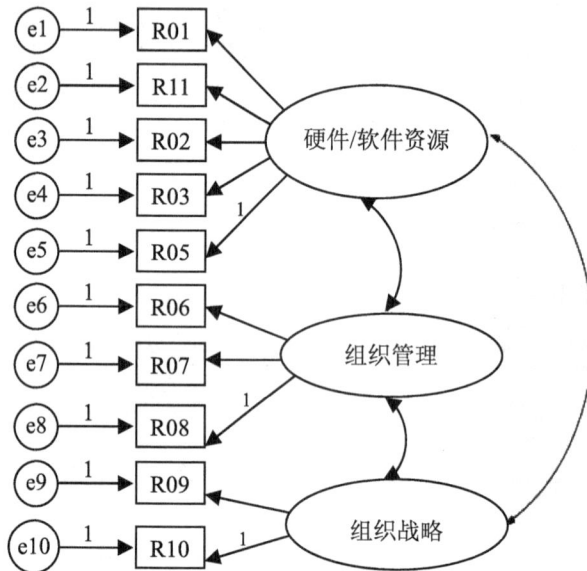

图 6-2　酒店内部资源的测量模型

表 6-8　酒店内部资源的一阶验证性因子分析（N=203）

路径			标准化路径系数	路径系数	S.E.	C.R.	P
R01	←--	硬件/软件资源	0.867	1.000			
R11	←--	硬件/软件资源	0.660	0.773	0.075	10.221	***
R02	←--	硬件/软件资源	0.769	0.862	0.067	12.473	***
R03	←--	硬件/软件资源	0.754	0.800	0.065	12.143	***
R05	←--	硬件/软件资源	0.658	0.817	0.072	10.210	***
R06	←--	组织管理	0.827	1.000			
R07	←--	组织管理	0.879	0.925	0.068	12.989	***

续表

	路径		标准化路径系数	路径系数	S.E.	C.R.	P
R08	←--	组织管理	0.598	0.550	0.062	8.832	***
R09	←--	组织战略	0.823	1.000			
R10	←--	组织战略	0.817	1.011	0.075	13.413	***
χ^2	70.421				CFI		0.981
df	51				TLI		0.996
χ^2/df	1.398				RMSEA		0.034

注：***表示显著性水平 p<0.001。

表 6-9　酒店内部资源的二阶验证性因子分析（N=203）

	路径		标准化路径系数	路径系数	S.E.	C.R.	P
硬件/软件资源	←--	酒店内部资源	0.890	0.571	0.072	9.006	***
组织管理	←--	酒店内部资源	0.865	0.654	0.069	11.158	***
组织战略	←--	酒店内部资源	0.917	0.607	0.064	12.774	***
χ^2	70.432				CFI		0.981
df	52				TLI		0.991
χ^2/df	1.399				RMSEA		0.036

注：***表示显著性水平 p<0.001。

酒店内部资源的一阶验证性因子分析的拟合结果表明，χ^2 值为 70.421（自由度 df=51），χ^2/df 值为 1.398，小于 2；CFI 和 TLI 都大于 0.9，接近于 1；RMSEA 的值为 0.034，小于 0.1；各路径系数均在 P<0.001 的水平上具有统计显著性。酒店内部资源的二阶验证性因子分析的拟合结果表明，χ^2 值为 70.432（自由度 df=52），χ^2/df 值为 1.399，小于 2；CFI 和 TLI 都大于 0.9，接近于 1；RMSEA 的值为 0.036，小于 0.1；各路径系数均在 P<0.001 的水平上具有统计显著性。可见，该模型拟合效果很好，图 6-2 所示的因子结构通过了验证。即本研究对酒店内部资源三个维度的划分与测度是有效的。

6.2.3　酒店吸收能力

与以上两个概念相类似，根据探索性因子分析结果可知，酒店吸收能力概念包含三个维度：消化吸收能力、识别获取能力和应用开发能力，而各个维度均由一系列题项变量进行测度，因此，该酒店吸收能力本身不仅包含一个层次的潜变量，仍然需对酒店吸收能力概念模型进行一阶验证性因子分析和二阶验证性因子分析。酒店吸收能力的测量模型如图 6-3 所示，一阶验证性因子分析的拟合结果如表 6-10 所示，二阶验证性因子分析的拟合结果如表 6-11 所示。

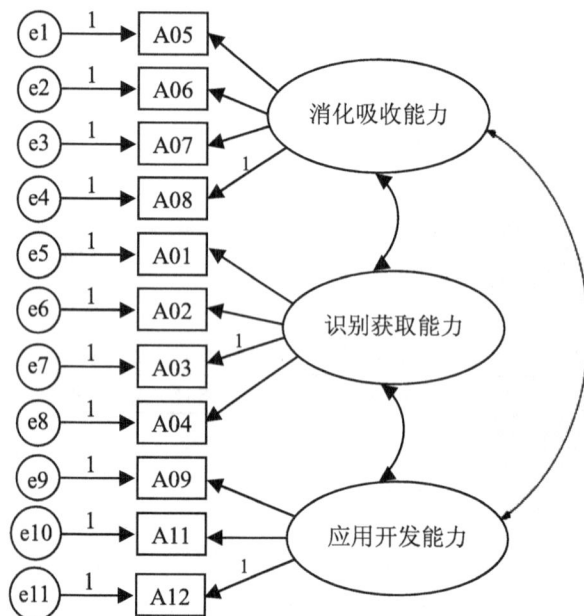

图 6-3   酒店吸收能力的测量模型

表 6-10   酒店吸收能力的一阶验证性因子分析（N=203）

路径			标准化路径系数	路径系数	S.E.	C.R.	P
A05	←--	消化吸收能力	0.661	1.000			
A06	←--	消化吸收能力	0.744	1.318	0.161	9.554	***
A07	←--	消化吸收能力	0.723	1.109	0.124	9.359	***
A08	←--	消化吸收能力	0.688	1.326	0.158	9.001	***
A01	←--	识别获取能力	0.792	1.000			
A02	←--	识别获取能力	0.823	1.146	0.116	13.289	***
A03	←--	识别获取能力	0.664	0.865	0.113	10.507	***
A04	←--	识别获取能力	0.782	0.932	0.110	12.633	***
A09	←--	应用开发能力	0.769	1.000			
A11	←--	应用开发能力	0.756	0.892	0.107	11.989	***
A12	←--	应用开发能力	0.803	0.894	0.111	12.603	***
χ^2	84.141				CFI		0.970
df	49				TLI		0.962
χ^2/df	1.789				RMSEA		0.056

注：***表示显著性水平 p<0.001。

表 6-11　酒店吸收能力的二阶验证性因子分析（N=203）

路径			标准化路径系数	路径系数	S.E.	C.R.	P
消化吸收能力	←--	酒店吸收能力	0.897	0.741	0.177	9.806	***
识别获取能力	←--	酒店吸收能力	0.948	0.593	0.182	9.997	***
应用开发能力	←--	酒店吸收能力	0.859	0.672	0.153	10.036	***
χ^2	84.134				CFI		0.970
df	49				TLI		0.962
χ^2/df	1.765				RMSEA		0.061

注：***表示显著性水平 p<0.001。

　　酒店吸收能力的一阶验证性因子分析的拟合结果表明，χ^2 值为 84.141（自由度 df=49），χ^2/df 值为 1.789，小于 2；CFI 和 TLI 都大于 0.9，接近于 1；RMSEA 的值为 0.056，小于 0.1；各路径系数均在 P<0.001 的水平上具有统计显著性。酒店吸收能力的二阶验证性因子分析的拟合结果表明，χ^2 值为 84.134（自由度 df=49），χ^2/df 值为 1.765，小于 2；CFI 和 TLI 都大于 0.9，接近于 1；RMSEA 的值为 0.061，小于 0.1；各路径系数均在 P<0.001 的水平上具有统计显著性。可见，该模型拟合效果很好，图 6-3 所示的因子结构通过了验证。即本研究对酒店吸收能力三个维度的划分与测度是有效的。

6.2.4　酒店创新

　　根据探索性因子分析结果，酒店创新概念包含组织创新、过程创新、市场创新和产品/服务创新四个维度，酒店创新概念由四个维度、11 个题项组成的两个层次的测量模型来测量，因此仍需对其进行一阶验证性因子分析和二阶验证性因子分析，从而考察该概念测量模型的有效性。酒店创新的测量模型如图 6-4 所示，一阶验证性因子分析的拟合结果如表 6-12 所示，二阶验证性因子分析的拟合结果如表 6-13 所示。

　　酒店创新的一阶验证性因子分析的拟合结果表明，χ^2 值为 69.062（自由度 df=48），χ^2/df 值为 1.438，小于 2；CFI 和 TLI 都大于 0.9，接近于 1；RMSEA 的值为 0.043，小于 0.1；各路径系数均在 P<0.001 的水平上具有统计显著性。酒店创新的二阶验证性因子分析的拟合结果表明，χ^2 值为 69.057（自由度 df=48，χ^2/df 值为 1.442，小于 2；CFI 和 TLI 都大于 0.9，接近于 1；RMSEA 的值为 0.046，小于 0.1；各路径系数均在 P<0.001 的水平上具有统计显著性。可见，该模型拟合效果很好，图 6-4 所示的因子结构通过了验证。即本研究对酒店创新四个维度的划分与测度是有效的。

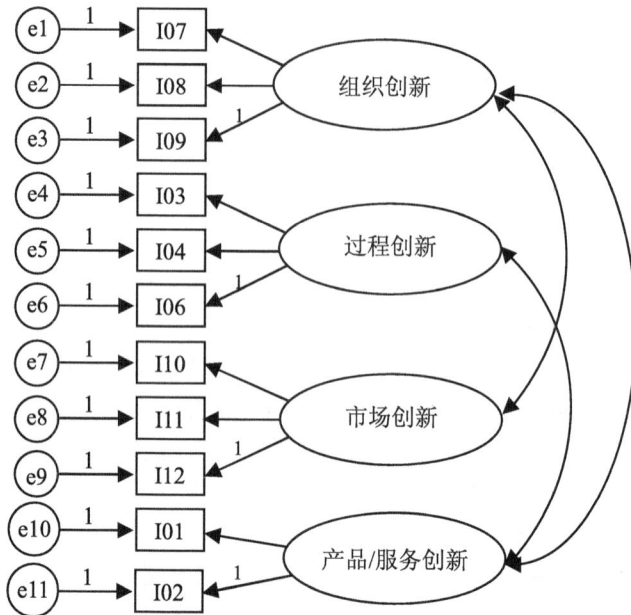

图 6-4　酒店创新的测量模型

表 6-12　酒店创新的一阶验证性因子分析（N=203）

路径			标准化路径系数	路径系数	S.E.	C.R.	P
I07	←--	组织创新	0.654	1.000			
I08	←--	组织创新	0.726	1.069	0.124	8.692	***
I09	←--	组织创新	0.875	1.495	0.160	9.275	***
I03	←--	过程创新	0.829	1.000			
I04	←--	过程创新	0.880	0.925	0.070	12.990	***
I06	←--	过程创新	0.520	0.451	0.060	7.540	***
I10	←--	市场创新	0.831	1.000			
I11	←--	市场创新	0.816	1.010	0.074	13.413	***
I12	←--	市场创新	0.872	1.136	0.078	14.338	***
I01	←--	产品/服务创新	0.792	1.000			
I02	←--	产品/服务创新	0.823	1.145	0.061	8.822	***
χ^2	69.062				CFI		0.978
df	48				TLI		0.971
χ^2/df	1.438				RMSEA		0.043

注：***表示显著性水平 p<0.001。

表 6-13 酒店创新的二阶验证性因子分析（N=203）

路径			标准化路径系数	路径系数	S.E.	C.R.	P
组织创新	←--	酒店创新	0.854	0.720	0.153	8.577	***
过程创新	←--	酒店创新	0.726	0.563	0.124	8.692	***
市场创新	←--	酒店创新	0.875	0.691	0.160	9.275	***
产品/服务创新	←--	酒店创新	0.929	0.648	0.147	10.063	***
χ^2	69.057				CFI		0.978
df	48				TLI		0.971
χ^2/df	1.442				RMSEA		0.046

注：***表示显著性水平 p<0.001。

6.2.5 酒店绩效

酒店绩效概念直接由 5 个题项进行测度，因此在对其测量模型进行检验时，我们只进行一阶验证性因子分析。酒店绩效的测量模型如图 6-5 所示，一阶验证性因子分析的拟合结果如表 6-14 所示。

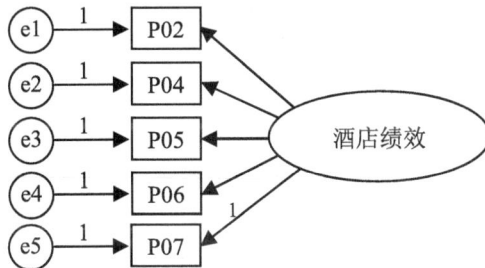

图 6-5 酒店绩效的测量模型

表 6-14 酒店绩效的验证性因子分析（N=203）

路径			标准化路径系数	路径系数	S.E.	C.R.	P
P02	←--	酒店绩效	0.427	1.000			
P04	←--	酒店绩效	0.458	1.154	0.247	4.682	***
P05	←--	酒店绩效	0.545	1.246	0.243	5.141	***
P06	←--	酒店绩效	0.708	1.837	0.334	5.498	***
P07	←--	酒店绩效	0.701	1.654	0.301	5.492	***
χ^2	14.561				CFI		0.981
df	47				TLI		0.960
χ^2/df	1.932				RMSEA		0.063

注：***表示显著性水平 p<0.001。

酒店绩效的验证性因子分析的拟合结果表明，χ^2 值为 14.561（自由度 df=47），χ^2/df 值为 1.932，小于 2；CFI 和 TLI 都大于 0.9，接近于 1；RMSEA 的值为 0.063，小于 0.1；各路径系数均在 P<0.001 的水平上具有统计显著性。可见，该模型拟合效果很好，图 6-5 所示的因子结构通过了验证。即本研究对酒店绩效的测度是有效的。

6.3　结构方程模型

结构方程模型（Structure Equation Model，SEM）是一种综合运用路径分析、多元回归和验证性因子分析的数据分析工具。李怀祖（2004）认为在目前的管理研究方法中，SEM 方法可有效弥补传统回归分析的弱点（如多重共线性、变量观测性等），尤其是针对采用调查问卷收集数据的情况而言。关于结构方程模型中样本量大小的选择问题，侯杰泰等（2004）在对相关实证研究文献进行总结后得出，大多数结构方程模型需要至少 100～200 个样本。本研究采用问卷调研的方法收回 203 份有效问卷，且经过了信度检验和效度检验，说明问卷设计和通过问卷获得的数据可靠，因此适合采用 SEM 对模型进行构建与拟合。

SEM 模型评价的核心内容是模型的拟合性，即通过 SEM 模型拟合输出的各种拟合指标是否满足预设的标准要求。模型整体拟合优度指标主要包括四类：增量拟合优度指标（TLI、CFI）、绝对拟合优度指标（χ^2、χ^2/df、GFI、AGFI）和近似误差指数（RMR 和 RMSEA）。本研究选择 χ^2/df、RMSEA、TLI 和 CFI 四类指标作为评价结构模型的拟合指数，这些指数的解释详见本书 5.5 节，此处不再赘述。结构方程一般可分为三类分析：纯粹验证、选择模型和产生模型（侯杰泰等，2004）。本研究属于纯粹验证分析，即基于本研究第 4 章提出的概念模型和研究假设构建初始结构模型，通过结构方程模型的实证检验对初始模型和研究假设进行诊断，从而得出实证研究结论。

上一章对各变量的测量量表的信度和效度进行检验之后，本研究对酒店创新影响因素及其作用机制的概念模型进行整体估计。鉴于本研究所包含的题项（Item）过多，且我们又试图探索和检验概念（Construct）之间的关系，这种包含过多题项的概念模型势必会影响模型拟合的理想性（卞冉等，2007），因此，本研究借鉴巴戈齐等（Bagozzi&Edwards，1998）在对组织心理学进行研究时所采用的部分聚合（Partial Aggregation）方法[①]，即使用各量表的平均分作为因子的外显指标来对模型进行估计。部分聚合方法一方面恰当地反映概念模型中各概念的构想效度，另一方面在简化模型的同时又可使参数估计不受影响（Haiyan，2010；Wang J.，2009）。本研究旨在通过分析五个概念——酒店外部知识源、酒店内部资源、酒店吸收能力、酒店创新和酒店绩效之间的关系来构建酒店创新的影响因素与效应模型（参见图6-6）。部分聚合方法与本研究的目的相一致，因此本研究在具体运算中选用该方法对变量进行测度。

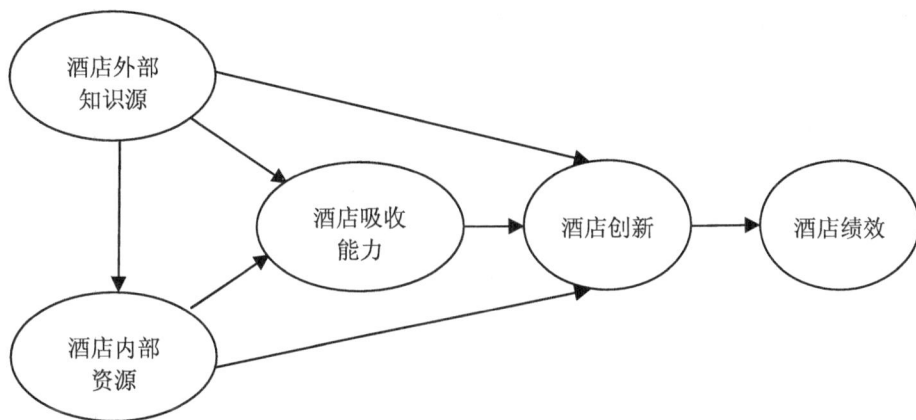

图 6-6　酒店创新影响因素与效应的结构模型图

部分集聚是指分别将各个因子下面的测度变量进行聚合，即将各因子的测量题项进行聚合（如加总或取均值），将聚合的结果作为表征因子的指标。在本研究中，酒店外部知识源、酒店内部资源、酒店吸收能力和酒店创新四个潜变量的测度模型为部分聚合模型。该四个测度模型中的各个指标值便是下一级测量题项的均值。具体地，将市场类外部知识源、公共机构类外部知识源和综合信息类外部知识源三个因子各自所属的测量题项进行聚集，形成测量酒店外部知识源变量的三个指标；将硬件/软件资源、组织管理和组织战略三个因子各自所属的测量题项进行集聚，形成测量酒店内部资源变量的三个指标；将消化吸收能力、识别获取能力和应用开发能力三个因子各自所属的测量题项进行集聚，形成测量酒店吸收能力变量的三个指标；将组织创新、过程创新、市场创新和

[①] Bagozzi 和 Edwards（1998）的研究指出，在心理学特别是组织心理学研究中，我们使用测量题项对概念的表征通常有四种不同的聚合层次（Level of Aggregation），分别为完全分散（Total Disaggregation）、部分分散（Partial Disaggregation）、部分聚合（Partial Aggregation）与完全聚合（Total Aggregation）。

产品/服务创新四个因子各自所属的测量题项进行集聚，形成测量酒店创新变量的四个指标。

根据 AMOS 软件计算的修正指数（Modification Indices，MI），可通过增加某些误差项之间的路径来提高模型的拟合效果。然而，误差项之间的具体关系应该有充分的理论基础做支撑，而不仅仅是为了提高模型拟合效果（Joreskog，1993）。由于本研究所涉及的各测量误差间是否存在某种关系缺乏充分、合理的理论基础，因此，在模型拟合过程中没有考虑增加误差项之间的路径。最终拟合的模型与拟合结果分别如图 6-7 和表 6-15 所示。

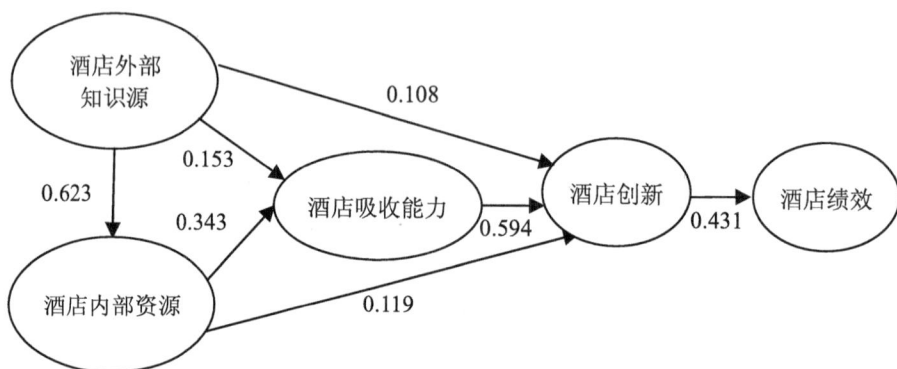

图 6-7　酒店创新影响因素与效应模型的 SEM 估计结果路径系数

表 6-15　酒店创新影响因素与效应的概念模型拟合结果（N=203）

路径			标准化路径系数	C.R.	P
酒店吸收能力	←--	酒店外部知识源	0.153	3.724	**
酒店内部资源	←--	酒店外部知识源	0.623	7.269	***
酒店创新	←--	酒店外部知识源	0.108	3.201	**
酒店吸收能力	←--	酒店内部资源	0.343	4.445	***
酒店创新	←--	酒店内部资源	0.119	3.427	*
酒店创新	←--	酒店吸收能力	0.594	6.086	*
酒店绩效	←--	酒店创新	0.431	4.673	**
χ^2	506.655		CFI		0.920
df	116		TLI		0.911
χ^2/df	1.761		RMSEA		0.054

注：***表示显著性水平 P<0.001；**表示显著性水平 P<0.05；*表示显著性水平 P<0.01。

结构方程模型的拟合结果表明，χ^2 值为 506.655（自由度 df=116），χ^2/df 值为 1.761，小于 2；CFI 和 TLI 都大于 0.9，接近于 1；RMSEA 的值为 0.054，小于 0.1；各路径系数均在 P<0.001、P<0.05、P<0.01 的水平上具有统计显著性。可见，结构方程模型拟合效果很好，变量之间的七条路径均在不同水平上具有统计显著性，这些路径所代表的均为变量间的正向影响关系，图 6-7 为酒店创新影响因素及其作用机制模型的 SEM 估计结果路径系数图。

6.4　本章小结

本章首先对大样本数据进行描述以及信度和效度分析，用验证性因子分析法对五个核心变量——酒店外部知识源、酒店内部资源、酒店吸收能力、酒店创新和酒店绩效的结构效度分别进行检验，各研究变量的测量题项均满足信度和效度要求。此外，运用结构方程模型方法通过分析酒店外部知识源、酒店内部资源、酒店吸收能力、酒店创新和酒店绩效五个变量间的相互作用关系，进一步验证本研究在前文提出的酒店创新影响因素与效应的概念模型，并对研究假设进行验证。具体的假设验证结果如表 6-16 所示，各研究变量之间的结构关系如图 6-7 所示。结构方程模型分析结果表明了酒店外部知识源、酒店内部资源、酒店吸收能力、酒店创新与酒店绩效的微观结构关系：酒店外部知识源对酒店创新、酒店内部资源和酒店吸收能力均有正向影响，酒店内部资源对酒店吸收能力和酒店创新均有正向影响，酒店吸收能力对酒店创新有正向影响，酒店创新对酒店绩效有正向影响。

表 6-16　假设检验结果总结

假设编号	假设内容	验证结果
假设 H1	酒店外部知识源对酒店创新有正向影响	支持
假设 H2	酒店外部知识源对酒店吸收能力有正向影响	支持
假设 H3	酒店吸收能力对酒店创新有正向影响	支持
假设 H4	酒店内部资源对酒店创新有正向影响	支持
假设 H5	酒店内部资源对酒店吸收能力有正向影响	支持
假设 H6	酒店外部知识源对酒店内部资源有正向影响	支持
假设 H7	酒店创新对酒店绩效有正向影响	支持

第7章 结果分析与讨论

7.1 酒店外部知识源对酒店创新的影响作用分析

无论在理论领域还是酒店业界，酒店外部知识源被看作促进酒店创新的重要因素之一。本研究在文献综述和酒店企业实地访谈的基础上，认为酒店外部知识源对酒店创新的作用机制可分为直接效应和间接效应两大类，并对各个变量间的关系提出了相应的假设，即假设 H1：酒店外部知识源对酒店创新有正向影响；假设 H2：酒店外部知识源对酒店吸收能力有正向影响；假设 H3：酒店吸收能力对酒店创新有正向影响；假设 H6：酒店外部知识源对酒店内部资源有正向影响。实证研究结果证实酒店外部知识源对酒店创新有正向影响。本研究将酒店外部知识源对酒店创新的效应分解为直接效益和间接效益两大类，具体实证结果如表 7-1 所示，在后续部分我们将对两大效应逐一进行分析。

7.1.1 酒店外部知识源对酒店创新的直接作用

根据图 6-6 所示的结构方程模型路径图，并结合表 7-1 的酒店外部知识源对酒店创新的效应分解表，酒店外部知识源到酒店创新的标准化路径系数为 0.108，表明酒店外部知识源对酒店创新的确存在正向的直接影响，且酒店外部知识源到酒店创新这条路径的直接效应为 0.108。

7.1.2 酒店外部知识源对酒店创新的间接作用

根据图 6-6 酒店创新影响因素及其作用机制模型的结构方程估计结果，并结合表 7-1 的酒店外部知识源对酒店创新的效应分解表可得，酒店外部知识源对酒店创新的间接效应总值为 0.247。具体地，酒店外部知识源对酒店创新的间接效应由三条变量间的路径关系来体现，即表 7-1 中的路径 1：酒店外部知识源→酒店吸收能力→酒店创新；路径 2：酒店外部知识源→酒店内部资源→酒店吸收能力→酒店创新；路径 3：酒店外部知识源→酒店内部资源→酒店创新。

表 7-1 酒店外部知识源对酒店创新的效应分解

变量关系	酒店外部知识源 → 酒店创新			
效应类型	间接效应			直接效应
效应值	路径	路径 1：酒店外部知识源→酒店吸收能力→酒店创新	路径 2：酒店外部知识源→酒店内部资源→酒店吸收能力→酒店创新	路径 3：酒店外部知识源→酒店内部资源→酒店创新	路径 4：酒店外部知识源→酒店创新
	效应值	0.091	0.127	0.074	0.108
		0.292			
总效应值	0.4				

注：路径 1 的效应值=（酒店外部知识源对酒店吸收能力的标准化路径系数）×（酒店吸收能力对酒店创新的标准化路径系数）=0.153×0.594=0.091；

　　路径 2 的效应值=（酒店外部知识源对酒店内部资源的标准化路径系数）×（酒店内部资源对酒店吸收能力的标准化路径系数）×（酒店吸收能力对酒店创新的标准化路径系数）=0.623×0.343×0.594=0.127；

　　路径 3 的效应值=（酒店外部知识源对酒店内部资源的标准化路径系数）×（酒店内部资源对酒店创新的标准化路径系数）=0.623×0.119=0.074。

如表 7-1 所示，路径 1 表明，酒店外部知识源对酒店创新起作用的关键途径是酒店外部知识源首先作用于酒店吸收能力，之后通过吸收能力的特定作用途径间接作用于酒店创新，该路径的间接效应值为 0.091，占酒店外部知识源对酒店创新总效应的 22.8%；路径 2 表明，酒店外部知识源对酒店创新起作用的关键途径是酒店外部知识源首先作用于酒店内部资源，然后酒店内部资源作用于酒店吸收能力，通过酒店吸收能力间接作用于酒店创新，该路径的间接效应值为 0.127，占酒店外部知识源对酒店创新总效应的 31.7%；路径 3 表明，酒店外部知识源对酒店创新起作用的关键途径是酒店外部知识源首先作用于酒店内部资源，之后通过酒店内部资源的特定作用途径间接作用于酒店创新，该路径的间接效应值为 0.074，占酒店外部知识源对酒店创新总效应的 18.5%。酒店外部知识源对酒店创新间接作用的路径值比较如图 7-1 所示。

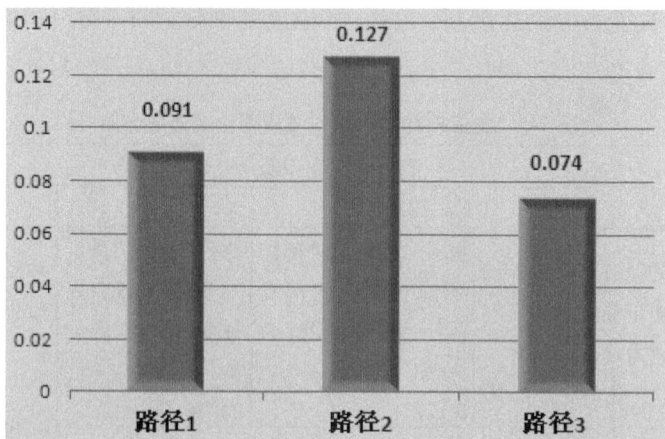

图 7-1　酒店外部知识源对酒店创新间接作用的路径值比较

　　基于上述对酒店外部知识源影响酒店创新间接效应的分解，可以得出以下几点结论：（1）酒店吸收能力在酒店外部知识源对酒店创新产生影响的过程中发挥着部分中介作用；此外，酒店内部资源也对酒店外部知识源影响酒店创新发挥着中介作用。（2）在酒店外部知识源影响酒店创新的三条间接路径中，路径 1 的效应值高于路径 3，说明酒店吸收能力的确在酒店创新过程中起作用，并且酒店外部知识源通过吸收能力对酒店创新产生作用的程度要高于通过酒店内部资源产生作用的程度。一方面说明了酒店创新机制研究中引入吸收能力的必要性；另一方面说明酒店外部知识源通过吸收能力来促进酒店创新路径的重要性，因此培育和提高酒店吸收能力应引起研究者和业界管理者的重视。（3）路径 2 的效应值明显高于路径 1 和路径 3，一方面证实了企业外部资源通过内部资源起作用的发展逻辑，另一方面也说明同时考虑酒店内部资源和酒店吸收能力两个变量的路径对酒店创新的影响程度更强。该实证结果不仅证实了企业资源理论中关于企业外部资源通过企业内部发挥作用的命题，且验证了资源是能力的基础，吸收能力的形成和提高是以酒店内部资源为基础的。

7.1.3　酒店外部知识源影响酒店创新的直接效应和间接效应比较

　　图 6-6 酒店创新影响因素及其作用机制模型的结构方程估计结果显示，酒店外部知识源对酒店创新的影响作用可分为直接效益和间接效益两大类。根据表 7-1 所示，直接效应值为 0.108，占酒店外部知识源对酒店创新总效应的 27%；间接效应由三条不同的路径组成，其总的间接效应值为 0.4，占酒店外部知识源对酒店创新总效应的 73%（参见图 7-2）。通过对酒店外部知识源影响酒店创新

直接效应和间接效应两者的比较发现,间接效应所起的作用远远大于直接效应,这在一定程度上证实了外部知识源对酒店创新的影响更多地是通过酒店内部资源、酒店吸收能力这些中介变量间接起作用的,而外部知识源直接对酒店创新产生影响的程度较小,进一步说明本研究将酒店吸收能力引入概念模型的合理性,以及将酒店内部资源纳入酒店外部知识源影响酒店创新作用机制分析框架的必要性。

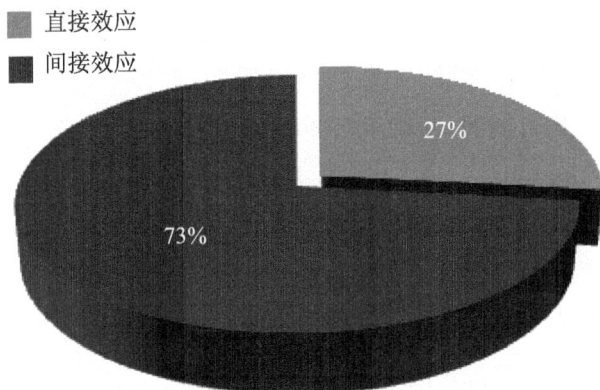

图 7-2　酒店外部知识源影响酒店创新的直接效益和间接效应比较

7.2　酒店内部资源对酒店创新的影响作用分析

无论在理论领域还是酒店业界,酒店内部资源是影响酒店创新的关键变量。本研究在文献综述和酒店企业实地访谈的基础上,认为酒店内部资源对酒店创新的作用机制可分为直接效应和间接效应两大类,并对各个变量间的关系提出了相应的假设,即假设 H4:酒店内部资源对酒店创新有正向影响;假设 H5:酒店内部资源对酒店吸收能力有正向影响;假设 H3:酒店吸收能力对酒店创新有正向影响。实证研究结果证实酒店内部资源对酒店创新有正向影响。本研究将酒店内部资源对酒店创新的效应分解为直接效益和间接效益两大类,具体实证结果如表 7-2 所示,在后续部分我们将对两大效应逐一进行分析。

表 7-2　酒店内部资源对酒店创新的效应分解

变量关系		酒店内部资源 → 酒店创新	
效应类型		直接效应	间接效应
效应值	路径	路径 5：酒店内部资源→酒店创新	路径 6：酒店内部资源→酒店吸收能力→酒店创新
	效应值	0.119	0.203
总效应值		0.322	

注：路径 6 的效应值=（酒店内部资源对酒店吸收能力的标准化路径系数）×（酒店吸收能力对酒店创新的标准化路径系数）=0.153×0.594=0.203。

7.2.1　酒店内部资源对酒店创新的直接作用

根据图 6-6 所示的结构方程模型路径图，并结合表 7-2 的酒店内部资源对酒店创新的效应分解表，酒店内部资源到酒店创新的标准化路径系数为 0.119，从而证实了酒店内部资源对酒店创新存在积极的直接影响作用，且该作用路径的效应值为 0.119，占酒店内部资源对酒店创新总效应的 37%。

7.2.2　酒店内部资源对酒店创新的间接作用

根据酒店内部资源对酒店创新的效应分解表（参见表 7-2），酒店内部资源对酒店创新的间接效应值为 0.203。具体地，该间接效应由一条变量间的路径关系体现，即路径 6：酒店内部资源→酒店吸收能力→酒店创新。该路径说明酒店内部资源对酒店创新起作用的途径之一便是酒店内部资源首先作用于酒店吸收能力，之后通过酒店吸收能力的特定作用途径间接作用于酒店创新，该路径所体现的间接效应占酒店内部资源对酒店创新总效应的 63%。

根据对酒店内部资源影响酒店创新间接效应的分析可得出以下结论：（1）资源是能力的基础，酒店内部资源对酒店吸收能力存在积极的影响，该结论不仅与企业资源理论一脉相承，且证实了"企业静态的资源是企业动态的能力形成的前提和基础"这一命题在酒店企业中的适用性；（2）资源、能力共同作用于创新，酒店内部资源和酒店吸收能力共同促进酒店创新。

7.2.3　酒店内部资源影响酒店创新的直接效应和间接效应比较

如表 7-2 和图 7-3 所示，酒店内部资源对酒店创新的影响作用可分为直接效应和间接效应两大类，直接效应值为 0.119，占酒店内部资源对酒店创新总效应的 37%；间接效应值为 0.203，占酒店内部资源对酒店创新总效应的 63%。通过对酒店内部资源影响酒店创新直接效应和间接效应两者的比较发现，间接效应所起的作用远远大于直接效应。这在一定程度上证实了"资源是能力的基础"的命题，说明酒店内部资源的确对酒店吸收能力有正向影响，且酒店内部资源对酒店创新的影响更多地是通过内部资源促进酒店吸收能力，酒店吸收能力间接地作用于酒店创新这样的路径起作用的，而酒店内部资源直接对酒店创新产生影响的程度较小。

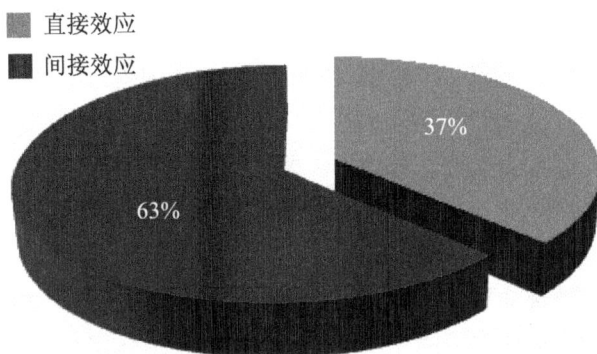

图 7-3 酒店内部资源影响酒店创新的直接效益和间接效应比较

7.3 酒店外部知识源与酒店内部资源对酒店创新影响作用的比较

如表 7-3 所示，酒店外部知识源和酒店内部资源是影响酒店创新的两大关键变量，二者对酒店创新的效应总值为 0.722。其中，酒店外部知识源影响酒店创新的效应总值为 0.4，占各变量对酒店创新总效应的 55.4%；酒店内部资源影响酒店创新的效应总值为 0.322，占各变量对酒店创新总效应的 44.6%。

表 7-3 酒店外部知识源与酒店内部资源对酒店创新的作用比较

关系变量	酒店外部知识源 → 酒店创新				酒店内部资源 → 酒店创新	
路径	无内部资源参与的路径		有内部资源参与的路径		路径 5	路径 6
	路径 1	路径 4	路径 2	路径 3		
效应值	0.091	0.108	0.127	0.074	0.119	0.203
	0.199		0.201			
	0.4				0.322	
占效应总值的比重	55.4%				44.6%	
效应总值	0.722					

通过对酒店外部知识源和酒店内部资源二者对酒店创新效应的比较，可以得出以下结论。

（1）酒店外部知识源对酒店创新产生的作用比酒店内部资源所起的作用要强。

该结论证实了酒店外部知识源在酒店创新过程中的重要作用，酒店在与外部知识源接触的过程中对外部知识的识别、获取、开发利用是酒店创新的重要机制。这一结果进一步验证了韦铁（2007）在研究中提出的"服务企业的创新是多主体参与的开放式创新"的命题，且与颂波和加卢（Sundbo&Gallouj，2000）提出的服务创新驱动力模型一脉相承，即认为服务企业创新不仅由内部因素驱动，更多地还受到企业外部主体和轨道等因素的影响。

（2）酒店内部资源对酒店创新所起的作用不容忽视。

虽然与酒店外部知识源相比,酒店内部资源对酒店创新产生的效应值较低，但酒店内部资源对酒店创新的作用不容忽视，具体地体现在：一方面，酒店内部资源本身对酒店创新存在直接和间接效应；另一方面，酒店内部资源是外部知识源影响酒店创新的重要作用路径，如表 7-3 所示，有内部资源参与的酒店外部知识源影响酒店创新的路径效应值大于无内部资源参与的路径效应值，该结果说明，一定程度上酒店外部知识源通过内部资源影响酒店创新。这一结论的实践意义在于,酒店内部资源充当酒店外部知识源与酒店创新之间的转化器，如果酒店企业的内部资源水平普遍较低，就会影响酒店利用外部知识源进行创新的能力，也会影响酒店吸收能力的发挥。

7.4　酒店创新对酒店绩效的影响

如表 6-15 和图 6-7 所示，酒店创新对酒店绩效的作用路径在 0.05 的水平上显著，且路径效应值为 0.431，证实了酒店创新显著地影响着酒店绩效的实现，通过分析酒店创新影响酒店绩效的作用关系明晰了酒店创新的作用机制。该结论很好地验证了本书在文献综述部分的分析与第 4 章概念模型中设计的逻辑关系，说明酒店创新是酒店在全球知识创新与流动加剧时代实现酒店绩效的基石。

7.5 本章小结

本研究第 6 章通过对大样本调研和结构方程建模分析，对第 4 章提出的酒店创新影响因素与效应的概念模型做了验证，结果表明，最初的研究假设总体得到了证实。本章对实证研究结果进行了更为细致的分析，发现了一些更具体和新颖的结论。

第一，酒店外部知识源主要通过吸收能力、酒店内部资源的中介机制间接影响酒店创新。

虽然酒店外部知识源对酒店创新存在直接的影响，但酒店外部知识源更多的是通过酒店内部资源、酒店吸收能力的中介机制，间接地正向影响酒店创新。酒店外部知识源对酒店创新影响作用最大的路径是酒店内部资源和酒店吸收能力均发挥中介作用的路径：酒店外部知识源→酒店内部资源→酒店吸收能力→酒店创新；其次是只有吸收能力一个变量发挥中介机制的路径：酒店外部知识源→酒店吸收能力→酒店创新；再次是外部知识源通过内部资源间接影响酒店创新的路径：酒店外部知识源→酒店内部资源→酒店创新；而外部知识源直接影响酒店创新的路径效应仅占总效应的 27%。

第二，酒店内部资源对酒店创新存在显著的正向影响，且内部资源是酒店吸收能力形成和发挥作用的前提和基础，对酒店通过吸收能力利用外部知识的过程起部分中介作用。

从酒店内部资源对酒店创新的影响而言，酒店内部资源对酒店创新存在显著的正向影响。与此同时，酒店内部资源是酒店吸收能力形成和发挥作用的前提和基础，对酒店通过吸收能力利用外部知识源信息的过程起部分中介作用。也就是说，虽然吸收能力充当酒店外部知识源与酒店创新之间的转化器，但吸收能力受酒店内部资源制约和影响，如果酒店内部资源水平普遍较低，就会影响酒店吸收能力的水平，从而影响酒店利用外部知识进行创新的能力。

第三，酒店外部知识源比酒店内部资源对酒店创新所起的作用更大，但酒店内部资源的作用亦不容忽视。

本研究实证结果证明了酒店外部知识源在酒店创新过程中的重要作用，酒店在与外部知识源接触的过程中对外部知识的识别、获取、开发利用是酒店创新的重要机制，吸收能力在酒店利用外部知识进行创新的过程中起重要的中介作用，而吸收能力又受酒店内部资源的制约影响。

第四，酒店创新的作用机制体现在酒店创新对酒店绩效存在显著的正向影响。

第8章 结论与展望

经过前7章的论述，本书已对酒店创新影响因素及其作用机制进行了较为系统、深入的研究分析。本章将对前文的研究进行总结，阐述本书的主要结论、理论贡献与实践启示，并通过说明本研究存在的局限与不足，明确未来的研究方向。

8.1 主要研究结论

在用户需求快速变化、技术更新逐渐加快的环境下，产业融合与业态创新已成为当前我国酒店产业发展的重要动力，创新和学习成为酒店企业生存与发展的利器。产业发展趋势急需酒店创新理论的指导。但是我国酒店创新研究刚刚起步，针对酒店创新影响因素及其作用机制的研究尚属空白。本书围绕"酒店创新影响因素及其作用机制"这一基本研究命题，开展了国内外酒店创新文献研究，并针对酒店企业进行了实际调研，通过对深入访谈资料的质性研究提炼出反映酒店企业创新实践情况的初始概念模型和研究命题，在此基础上，融合管理学、经济学和旅游基础理论的不同研究视角与相关研究成果提出了酒店创新影响因素及其作用机制的概念模型和研究假设，之后通过小样本预测试和大样本统计研究等一系列研究方法，把定性分析与定量分析有机结合，逐层深入展开论述，循序渐进地解答了三个研究问题：（1）在酒店企业层面，影响酒店创新的关键因素有哪些？（2）这些因素是如何影响酒店创新的？（3）酒店创新对酒店企业的绩效会产生怎样的影响？

研究结果验证了我们最初的假设，即酒店外部知识源和酒店内部资源是影响酒店创新的两大关键变量，酒店吸收能力对外部知识源影响酒店创新的作用起中介作用，且外部知识源通过酒店内部资源起作用，而酒店内部资源对酒店吸收能力的培育和提高产生积极的影响，此外，酒店创新的作用机制体现在酒店创新对酒店绩效的正向影响关系上。

本书的研究具有一定的创新性与探索性，因为此前学者对酒店创新的研究大都停留在影响因素层面，不仅没有对酒店创新影响因素进行完善的理论探讨和实证检验，且尚未关注创新活动对酒店企业而言其效用何在等关于酒店创新作用机制的问题。此外，即便是对酒店影响因素的研究，亦仅属于静态视角下对各种影响因素的简单识别，并未对这些因素是如何对酒店创新产生作用的问题进行深入研究。

本书通过文献回顾和深入访谈，提炼出影响酒店创新的两大关键变量——酒店外部知识源和酒店内部资源，并在分析其作用机制过程中引入吸收能力这一中介变量，不仅系统论证了酒店外部知识源和酒店内部资源对酒店创新的影响机制，并且对酒店创新影响酒店绩效的作用进行了探讨，完善了酒店创新研究的逻辑脉络，得到了更为完善、更具有实践意义的研究结果。

8.1.1　外部知识源与内部资源对酒店创新均有正向影响，前者所起作用更大

当前，市场需求瞬息万变，技术动荡程度和复杂程度越来越高，企业很难完全依靠内部资源获得进行创新活动的所有知识和资源（Calantone et al., 2002），外部知识对企业创新的重要性越来越多地引起研究者的关注（Rigby & Zook，2002）。野中郁次郎等（Nonaka，1994；Grant & Baden-Fuller，1995）指出无论是企业内部还是企业外部，凡是能够给企业带来创新能力的重要知识资源，都应当将其纳入企业创新体系并加以利用。因此，企业新知识的产生并不完全源自企业内部，来自企业外部的知识在企业实现创新的过程中起关键作用。例如，服务企业通过从供应商购买设备和原材料可诱发供应商驱动型的创新活动（Sirilli & Evangelista，1998）；顾客为服务创新思想的产生提供灵感，企业在向顾客提供个性化服务的过程中可实现创新（Sundbo，1997）；高等院校、专门研究机构、行业协会、金融或培训机构等组织机构为企业创新提供了信息交流的平台和服务，并帮助企业间实现合作创新（Weiermair，2003）；等等。本书通过对中国大连市酒店企业问卷调查数据的结构方程建模实证研究得出，酒店外部知识源对酒店创新有促进作用，这与阿罗拉等（Arora, Fosfuri，& Gambardella，2001；Cassiman & Veugelers，2002；Gans & Stern，2003）等的研究结论相吻合。

此外，从企业资源观视角来看，静态视角下的企业资源是企业创新能力形成的基础（Wang & Ahmed，2007）。本书实证研究表明，酒店内部资源对酒店创新存在显著的正向作用，这与沃罗等（Volo，2004；Ottenbacher et al.，2005；Joan. B. Garau Vadell & F. Orfila-Sintes，2008）的研究结论相符。实证研究同时发现酒店外部知识源对酒店创新产生的作用比酒店内部资源所起的作用更强，

这与颂波和加卢（Sundbo & Gallouj，2000）所述的服务企业创新知识更多地来自企业外部的特征相符。

8.1.2 吸收能力在酒店外部知识源影响酒店创新的过程中起部分中介作用

玛奇等（March & Simon，1958）研究表明企业大部分创新不是来自于企业内部的创造发明，而是源自对外部信息的利用。企业通过增强吸收能力，可以扩大知识和技术存量，增强对外部信息的消化吸收和利用能力，最终提高企业的创新能力（Schilling，1998）。扎赫拉和乔治（Zahra & George，2002）指出吸收能力作为企业动态能力的一种，企业可通过吸收能力来提高对外部信息的利用程度，从而实现企业创新和竞争优势的培育。本书的实证研究表明，吸收能力在酒店外部知识源影响酒店创新的过程中起部分中介作用，酒店外部知识源通过正向作用于酒店吸收能力，进而提高酒店创新，酒店通过吸收能力利用外部知识源信息从而促进酒店创新的路径得到了证实。具体而言，酒店外部知识源对酒店吸收能力存在显著的积极影响，且酒店吸收能力对酒店创新亦存在显著的正向影响。酒店吸收能力的培育有助于提高酒店对外部知识识别、获取、转化、利用的能力，从而为酒店创新提供知识储备和灵感来源，进而促进酒店创新。吸收能力这一中介变量为分析酒店外部知识源和酒店创新二者间的关系架起了"桥梁"。这与科伯恩（Cockburn & Henderson，1998；George，Zahra，Wheatley，& Khan，2001；Nieto & Quevedo，2005；Kostopoulosa et al., 2011）研究结论相一致。

8.1.3 内部资源是酒店吸收能力形成的基础，且对酒店通过吸收能力利用外部知识的过程起部分中介作用

内部资源是从静态的视角审视企业所拥有或控制的因素，是企业获取经济租金和形成竞争优势的基础；而能力嵌入在企业对资源的利用过程中，因此，资源是能力的来源和基础（Grant，1991）。本研究的实证研究表明，酒店内部资源的确对酒店吸收能力存在显著的正向影响，从而证实了酒店内部资源是酒店吸收能力形成的前提和基础这一假设。酒店吸收能力的形成和吸收能力作用的发挥是以酒店内部资源为依托的，这与科恩等（Cohen & Levinthal，1990；Lane & Lubatkin，1998；Ja-Shen Chen et al., 2002）的研究结论相一致。

此外，实证检验同时发现酒店外部知识源对酒店内部资源存在显著的正向影响，且在外部知识源影响酒店创新的三条间接路径中，同时考虑酒店内部资源和吸收能力两个变量的路径对酒店创新的影响作用更强，一定程度上说明内

部资源对酒店通过吸收能力利用外部知识的过程起部分中介作用。因此，虽然内部资源对酒店创新的影响程度不及酒店外部知识源，但酒店内部资源的作用不容忽视。

8.1.4　酒店创新对酒店绩效的提升作用显著

在当今飞速发展的知识经济时代，企业面临顾客需求瞬息万变、技术创新层出不穷、产品周期不断缩短、市场竞争日趋激烈的压力，创新成为企业在市场中保持竞争力的重要途径（Jansen et al., 2006）。企业可以通过创新对不断变化的市场环境做出快速反应，从而提高企业绩效（Damanpour et al., 2009）。但是，关于企业创新与企业绩效关系的经验研究结论并不一致，贝克等（Baker & Sinkula，2005）研究认为由于企业的创新活动存在一定的风险，所以企业创新并不一定会提高企业绩效。本研究的实证检验结果证实酒店创新与酒店绩效存在显著的正相关关系，该结论与科恩等（Cohen & Levinthal，1990；Geroski et al.，1993；Roberts & Amit，2003；Walker，2004；Srinivasan et al., 2009）研究相一致。通过对酒店创新作用机制的研究说明了酒店创新活动对于酒店企业的意义所在，从而回答了"酒店为什么进行创新"的问题。

8.2　理论贡献与实践启示

8.2.1　理论贡献

酒店创新是服务创新和酒店企业管理研究的新领域，同时服务创新理论与酒店企业管理理论的交叉融合发展也逐渐使酒店创新成为一个独立的学术概念。本书以服务创新理论为基础，系统梳理了酒店创新的理论体系，融合了经济学、管理学和社会学等视角，对酒店企业创新的影响因素与效应问题在中国背景下进行了深入思考，丰富和拓展了现有的酒店创新理论，主要的理论贡献包括以下四个方面。

8.2.1.1　明晰了酒店创新的内涵，揭示了酒店创新包括产品/服务创新、营销创新、组织创新、过程创新等维度，验证了传统创新管理领域通常所认为的"创新是严格技术性和适应技术性的企业行为"的观点并不完全适用于酒店企业创新。

现有的文献对酒店创新概念的界定及其内涵存在很多争议。且有些学者认为酒店业是一个落后于制造业的非生产性的"剩余"部门，其生产效率、资金强度均较低，整个行业的专业化程度不高，创新活动微乎其微，甚至认为酒店业没有必要和能力进行创新。本书基于文献研究和实地调研，在对调研资料进行质性研究的基础上得出酒店创新的内涵丰富，酒店创新包括产品/服务创新、过程创新、组织创新和营销创新四个维度，说明对酒店创新的研究不应仅仅局限于制造业技术创新的狭窄领域，而应从更加宽广的思维角度出发，在关注酒店技术创新的同时，还应关注到非技术创新形式的存在。

大样本实证研究证实了酒店创新的丰富内涵，说明技术维度并非实现酒店创新的必要条件，技术不足以作为衡量酒店企业创新的唯一指标，从而驳斥了传统创新管理领域通常所认为技术维度是企业创新必要条件的观点。说明我们应该通过关注酒店企业所提供产品或服务本身的特性和生产/服务过程来理解酒店创新的内涵。

8.2.1.2　对酒店创新的影响因素在中国背景下进行了新的思考，除酒店内部资源外，识别了外部知识源是影响酒店创新的关键变量，提出酒店企业开放式创新的必要性。

为研究酒店企业创新实现机理，我们有必要识别影响酒店创新的关键因素。尽管许多学者都从不同角度对酒店创新的影响因素进行了初步研究，但是现有的实证研究基本上以发达国家酒店企业为样本，所得的结论不一定符合我国企业的实际情况，还需要就这些因素对酒店企业的影响在中国背景下进行新的思考。本书通过对中国酒店企业的实地调研资料进行质性研究发现，除多数研究中明确指出的酒店内部资源是影响酒店创新的重要因素之外，外部知识源是酒店企业实现创新的关键因素之一。酒店在激烈市场竞争和顾客需求种类多样化、变化速度快等不稳定外部环境下，通过与外部知识源各类主体的联系，获取对酒店企业创新有用的知识是酒店实现创新的关键诱因。这说明酒店企业创新管理过程中应注重对外部知识源的管理，有必要通过开放式创新管理来促进酒店创新。

8.2.1.3　本研究提出了酒店创新对酒店企业绩效的影响作用，全面彰显了酒店创新对酒店企业发展的重要价值。

尽管国外已有一些学者对酒店创新进行了研究，酒店业界的各种创新实践也让学者们逐渐意识到酒店创新的重要性，但是鲜有研究明确地对酒店创新影响酒店绩效的问题进行研究，因此很难回答"酒店创新活动对酒店企业发展、竞争力提升等的意义何在"等问题。此外，贝克等（Baker & Sinkula, 2005）研究认为由于企业的创新活动存在一定的风险，所以企业创新并不一定会提高企业绩效。因此，本书提出了酒店创新对酒店企业绩效的影响机制问题，并通过大样本实证研究得出，酒店创新对酒店绩效存在显著的正向影响，一方面彰显了酒店创新对酒店企业生存、发展的重要意义，另一方面是对有关酒店企业创新与酒店绩效关系的争论在中国背景下的一个回应，由此完善并推进了酒店创新理论研究。

8.2.1.4 从多重理论视角出发，构建并验证了"资源—能力—绩效"的酒店企业创新影响因素与效应的模型，打开了酒店创新的黑箱，使酒店创新的理论研究更具系统性。

现有文献对酒店创新的过程、构成要素及其相互之间影响的研究深入不够，作用机制缺乏清晰的阐释和论证。与一般创新不同，酒店创新作为服务企业创新的一种，其企业内部没有研发部门，技术并非酒店企业实现创新的必要条件，酒店企业创新是一个多主体参与的复杂过程。酒店创新活动本身的复杂性和异质性决定了酒店企业创新研究需要一种多重的理论视角。本书选择了三个理论视角：经济学视角是从资源合理配置和稀缺资源利用的角度来研究酒店企业如何实现创新，主要涉及创新经济学；管理学视角是从系统角度探究酒店企业创新的计划、组织、协调、控制等活动过程及其规律，主要涉及企业创新系统理论和企业资源基础理论；服务创新理论视角是从服务企业创新特征、服务创新模式、服务创新研究方法等角度剖析服务企业创新行为的客观规律，主要涉及服务创新特征、服务创新模型理论。

基于文献研读并结合实地访谈，本书运用质性分析的方法提炼出影响酒店企业实现创新的关键要素：酒店外部知识源、酒店内部资源、酒店吸收能力，并在质性研究结果和理论分析的基础上创新性地提出酒店吸收能力作为酒店企业实现创新的中介机制，并将酒店创新对酒店绩效的影响作用纳入分析框架，构建了酒店企业"资源—能力—绩效"的机理模型。本书对酒店企业创新的实现机理及其作用机制研究围绕着"资源—能力—绩效"的逻辑展开。实证研究表明外部知识源对酒店创新存在显著的正向影响，且吸收能力对外部知识源影响酒店创新的过程起部分中介作用；酒店内部知识源不仅是酒店实现创新的根本依托，且是吸收能力形成的前提和基础，酒店内部资源在酒店通过吸收能力利用外部知识源的过程中起部分中介作用；此外，实证研究证实了酒店创新对酒店绩效的积极影响。

因此，以"资源—能力—绩效"为主线的模型打开了酒店企业实现创新的黑箱，加深了对酒店创新运作过程的理解。本书还设计了各变量的测量量表，经实证检验具有良好的信度和效度，为今后相关研究打下了基础，进一步丰富充实了酒店企业创新理论。

8.2.2　实践启示

本研究以酒店企业实现创新为主要目标，积极探索酒店企业是如何进行创新的以及酒店企业创新对酒店整体绩效有何效应，从而为酒店企业的创新实践提供理论指导。由于我国酒店企业存在发展时间短、创新知识积累薄弱、经验不足等特点，一方面对酒店企业的创新实践缺乏系统、科学的认识，另一方面缺乏足够的经验和能力对酒店企业内部资源与外部知识源进行有效管理。因此本研究针对这些实际问题展开研究，旨在通过研究结论引导酒店企业进行科学的创新管理实践。

8.2.2.1　酒店企业应摒弃以技术作为衡量创新唯一标准的观点，更新认识，关注酒店创新的多维度内涵，建立符合酒店企业创新特性的酒店创新评价体系。

长期以来，人们之所以认为酒店业中的创新活动微乎其微，甚至认为酒店业没有必要和能力进行创新，是因为多数人是在制造业技术创新的框架范围内对酒店创新的适应性进行研究的。但本书研究表明，酒店企业的创新活动不应仅仅局限于技术创新的狭窄领域，技术并非是酒店企业实现创新的必要条件。酒店创新不仅包括由技术带来的创新，且包括组织创新、过程创新、营销创新和产品/服务创新等更为宽泛的内容，适用于制造业创新的技术维度观并不完全适用于对酒店创新活动的考察。因此，酒店企业应摒弃以技术作为衡量创新唯一标准的观点，更新认识，关注酒店创新的多维度内涵，构建符合酒店企业创新特性的酒店创新评价体系。

8.2.2.2　避免照搬制造业创新管理提出的"提高研发能力"，而应遵循酒店创新过程中内、外部因素交互作用的规律，积极培养注重外部知识利用的开放式创新管理模式的培养。

自 20 世纪 90 年代以来，中国酒店企业的创新实践层出不穷，从业态创新到信息技术引起的酒店经验管理的变革、从酒店的并购与重组到服务质量的显著提升，我国酒店企业的创新活动取得了长足的发展。但是由于对"酒店企业如何创新"的认识和经验不足，暴露出来大量的问题，其中最显著的是很多业界人士，甚至学者将制造业创新管理中所强调的"提高研发能力"照搬到酒店企业中。这与本研究得出的酒店企业创新实践规律相违背，因为酒店创新作为服务创新的一种，区别于传统的制造业创新，酒店企业的创新实践更多地是一种多主体参与的开放式创新，只有将酒店所拥有的内部资源和酒店利用外部知识的能力相结合，遵循酒店创新过程中的内、外部因素交互作用的客观规律，才能提高酒店企业的创新绩效，从而进一步提高酒店的整体绩效。

开放式创新理论的核心是企业通过外部知识的引进等获取外部资源的途径

降低成本、实现创新，因此，基于本书对酒店创新影响因素的研究结论，提出酒店企业创新应积极培育注重外部知识利用的开放式创新管理模式，将酒店内部资源与酒店利用外部知识的能力相结合，共同促进酒店企业创新能力的提升。

8.2.2.3 培养依靠现代商业智慧、熟练掌握国际酒店运营规律的本土酒店管理团队是符合现代酒店业发展和酒店创新规律的理性声音。

与发达国家相比，中国酒店企业创新的外部市场驱动因素不仅活跃且作用力较强，但中国酒店企业的创新能力甚为薄弱。通过本书实地调研及大样本实证研究不难发现，中国酒店企业缺乏熟练掌握国际酒店运营规律的本土化的酒店职业经理人管理团队是制约酒店企业实现创新的瓶颈。因为，通过本书研究得出，无论是酒店内部资源还是酒店对外部知识源的识别、获取、利用和开发，都需要酒店拥有较高素质的人力资本作为保障。虽然经过几代人的努力，中国酒店职业经理人的队伍在发展壮大，但离建设一支成熟的具有酒店管理能力、熟悉国际酒店业行规、法规、操作模式的酒店职业经理人队伍的目标尚有差距。因此，培养依靠现代商业智慧、熟练掌握国际酒店运营规律的本土酒店管理团队是符合现代酒店业发展和酒店创新规律的理性声音。

8.3 研究局限与研究展望

8.3.1 研究局限

进入 21 世纪后，中国酒店业现代化进程和创新密切相关，酒店创新日渐成为酒店管理研究领域的热点议题之一。受益于现有文献研究的启发，针对中国酒店企业创新的现状和存在的问题，本书结合中国酒店企业的实地调研情况，通过质性分析探索性地构建了酒店企业实现创新的机理及其作用机制模型，进而，通过数理统计方法验证了本书的理论构想，最后得出了一些比较有意义的结论和管理启示。然而，由于所研究问题的复杂性以及笔者个人能力所限，本书的研究尚存在一些不足之处，希望在今后的研究中得到进一步完善。

（1）研究中的变量测量和样本范围还需要进一步完善。虽然本书采用 7 点量表设计借鉴了国内外学者的研究成果和经验，在具体测量时信度和效度表现较佳，但由于这些量表是通过管理者自我报告的主观测量方法来测量各研究变量，由主观评价方法所引起的社会称许性偏差可能会影响研究结果的准确性和客观性。在后续研究中，希望尽可能地增加更多的客观题项，从而提高研究结论的一般适用性和可重复性。在样本的范围上，虽然已经满足了研究方法上对结构方程模型的样本容量要求，但一方面，样本数据主要来自于辽宁省大连市，统计结果有一定的局限性，另一方面，由于本研究在收集数据时主要针对酒店企业的中高层管理者进行，没有兼顾酒店企业其他利益相关者，因此，研究存在一定的局限性。此外，对于酒店企业而言，不同星级水平酒店的创新行为和规律是否存在差异还有待进一步验证，但鉴于样本数据的规模不允许分组进行验证性的模型分析，因此，期待能够有更大规模的针对不同星级水平酒店的样本数据，可以进一步研究和探索分类酒店企业的创新机理并将其横向比较，更好地探索酒店企业的创新规律，为企业提高创新能力和绩效提供科学的理论指导。

（2）酒店企业创新活动的运行及其对酒店绩效的影响都是动态演化的过程。本书为了从理论上抽象概况的需要，在研究过程中仅仅抽取了几个核心要素，运用结构方程模型分析其影响因素及酒店创新对酒店绩效的影响。由于数据的可获取性及时间精力有限，本书仅采用截面数据进行分析，难以全面地反映酒店企业创新的动态过程，有一定局限性。若能结合时间序列回归的方法，进一步对不同时间阶段的酒店创新活动进行研究和总结，将更具有说服力。

（3）本书尽管尝试从"资源—能力—绩效"的逻辑来研究酒店企业创新的机理及其作用机制，但尚且属于初步的探索性工作，还有待进一步深入研究。例如，酒店创新的特征内涵和维度划分还需要进一步挖掘，如：影响酒店企业创新的中介变量可能不仅仅是酒店吸收能力，不同类型酒店企业的创新活动可能有所差异，酒店企业的创新可能不仅对企业绩效有积极影响，还对其他利益相关者存在一定的影响等。希望在后续的研究中，能进一步完善酒店企业创新影响因素与效应模型。同时可考虑将不同类型的酒店企业分别构建概念模型进行检验，从而提高研究结论的针对性和系统性。

8.3.2　研究展望

酒店创新研究为揭示酒店产业运行机制提供了一种全新的视角和途径，并为产业政策的制定提供了理论依据和指导，具有一定的理论和现实意义。从目前研究来看，酒店创新研究尚属起步阶段，在今后的发展中相关理论和经验论据将不断完善。从整体来看，未来的酒店创新研究将沿着聚合与发散两条主线不断演进（Hjalager，2010）。属于聚合主线的酒店创新研究，侧重于对酒店创新与其他产业创新的共性进行研究，是在产业创新理论研究框架内提出理论假设，采用产业创新研究的方法对酒店业中的创新现象进行剖析。此类研究不仅使酒店创新研究与制造业创新研究具有可比性，丰富了酒店创新研究的理论意义，并且可进一步完善产业创新理论。而所谓发散主线则侧重于研究酒店创新的异质性，是将酒店创新看作一种现象，而非从一个产业的角度进行剖析。酒店创新不同于制造业和其他服务业，因此应采用有别于经典创新理论的研究方法和工具，如人类学、社会学、文化学等跨学科的研究方法（Hjalager，2010）。

创新研究中定量研究和定性研究二者的融合一直备受争议。到目前为止，酒店创新研究主要是对不同个案的零星研究。案例研究是酒店创新研究中主要的定性研究方法之一，这种方法可以展现研究过程的各个阶段，有利于研究者深入观察和分析，这是定量研究所不具备的。近年，对酒店创新的经验性研究逐渐引起了研究者的关注，与之相关的量化研究初见端倪（Hall，2009）。研究者应该进行一系列内容广泛的酒店创新调研，如欧共体创新调查，主要收集企业进行酒店创新活动的各种资料。而其余的一些质性研究方法也格外重要，通过这些方法可以深入研究酒店创新中的一系列特殊问题，如基于旅游体验的创新等。澳大利亚的研究者近年正在构建一个涵盖了旅游企业（包括酒店企业）和旅游目的地两个层面的旅游创新调查理论模型（Hjalager，2010）。

以往的研究为形成我国酒店企业创新的研究框架提供了丰富的借鉴，我国学者也开始关注这一新兴研究领域，但是仍然缺乏基于实地调研或统计数据的实证研究。在未来的研究方向上，笔者认为可以从以下几方面来拓展：关注不同星级水平酒店企业的创新影响因素及作用机理，加强针对性和系统性；引入时间序列进行纵向分析，以探究酒店企业创新的形成机理及其演化的动态过程；完善酒店企业创新测度问题的研究，形成更系统全面的酒店创新测度指标体系。上述这些研究对于我国酒店企业创新的发展具有重要的理论研究意义和实践指导价值，笔者期待未来与相关领域的学者一起对酒店创新的规律进一步深入研究，从而丰富酒店创新理论体系。

附　录

附录 1　酒店企业创新：影响因素与效应研究问卷

Section A　填写说明

　　尊敬的酒店领导或部门负责人：

　　您好！首先感谢您在百忙之中抽出时间参与本问卷调查。

　　我是东北财经大学旅游与酒店管理学院在读博士研究生，本次问卷调研是本人博士论文研究的一部分。本研究旨在探索酒店创新：影响因素及与效应。本次调查由酒店中高层、部门经理填写。本问卷仅供学术研究使用，调查完全采用匿名的方式进行，您所填写的所有信息我们都将严格保密。您的答案和意见将为本研究提供非常重要的帮助。如果您对本研究结论感兴趣，我会在研究结束之后将研究成果提供给贵酒店参考！

　　非常感谢您的热情帮助！

　　填表说明：

　　1. 本问卷共分 A，B，C 三部分，A 部分为填写说明，B 部分为基本信息，C 部分为调研内容。

　　2. 本问卷中的问题基本为单选题，请直接在所选数字下打钩√，个别题目需要您根据实际情况手工填写内容。

　　3. 请您根据您在一般情况下所持有的最直接的判断、感觉来填写问卷，不需要考虑太久。本问卷不是测验，没有对错之分，也没有标准答案。您只需要客观地做出选择即可，请您不要都打一样的分，也不要遗漏某些题项。

Section B　基本信息

　　1. 您所在酒店的名称 _____

　　2. 贵酒店成立年数 _____ 年

　　3. 贵酒店星级情况 _____

　　A 一星级酒店　　　B 二星级酒店　　　C 三星级酒店　　　D 四星级酒店

　　E 五星级酒店

　　4. 您在贵酒店主要负责 _____

　　A 综合管理　　　B 销售　　　C 前厅　　　D 客房　　　E 餐饮　　　F 行政

　　G 财务　　　H 工程　　　I 人力资源　　　J 其他（请注明____）

5. 您的职位属于 ＿＿＿＿＿＿

　A 总经理　　B 驻店经理　　C 部门经理　　D 分部门经理　　E 其他（请注明＿＿＿）

6. 您在现在企业工作的时间 ＿＿＿＿＿＿

　A 不到 1 年　　B 1 年～3 年　　C 3 年～5 年　　D 5 年～10 年　　E 10 年以上

Section C　调研内容

I 酒店创新能力

　　请根据贵酒店实际情况，按照以下各项给出的定义，尽量客观的给各项打出一个分值，受访者可回答是（赋值 1 分）或否（赋值 0 分），在右边的得分项上打"√"。

　　注：以下所提到的创新是针对贵酒店而言，而并非对于整个酒店市场而言是新的。）

	1	2	3	4	5	6	7
I1 酒店在近三年中采用过新的或明显改进的产品或服务	1	2	3	4	5	6	7
I2 酒店采用新的产品/服务提供方法，或对现有产品/服务提供方法的显著改进	1	2	3	4	5	6	7
I3 对酒店运营过程中所需物质资源的供给方式、产品/服务的传递方式等方面的创新或显著优化	1	2	3	4	5	6	7
I4 酒店运营中所涉及的采购、信息维护、会计等支持性活动的重大改革或创新	1	2	3	4	5	6	7
I5 酒店服务质量的显著提升	1	2	3	4	5	6	7
I6 酒店使用了新的物质性生产要素，或对现有的物质性生产要素质量的显著提升	1	2	3	4	5	6	7
I7 酒店采用新的知识管理体系或对现有知识管理体系进行重大调整以提高组织内部信息、知识和技能的利用或交流的效率	1	2	3	4	5	6	7
I8 酒店管理结构的调整或改变，或不同部门、不同经营活动的整合	1	2	3	4	5	6	7
I9 酒店通过联盟、战略合作、外部采购或服务外包等形式与其他企业或公共机构的关系发生重大改变	1	2	3	4	5	6	7
I10 对酒店宣传资料、网站等展示其产品/服务的媒介进行重新设计或更换包装（常规的或季节性的改变除外）	1	2	3	4	5	6	7
I11 酒店销售方式发生改变，如网络销售、特许经营、直接销售或分销许可等形式的采用	1	2	3	4	5	6	7
I12 酒店市场定位发生改变，或向新的细分市场进行销售	1	2	3	4	5	6	7

R 酒店创新资源基础

　　与国内同行业竞争对手相比，下表中各项对酒店的描述，请在与企业实际情况相符的得分项上打"√"。

	1	2	3	4	5	6	7
R1 酒店拥有较大规模的客房数	1	2	3	4	5	6	7
R2 酒店员工的受教育程度较高	1	2	3	4	5	6	7

R3	酒店总经理以前的工作经验与现在工作的相关度较高	1	2	3	4	5	6	7
R4	酒店总经理拥有与酒店工作相关的学士学位或以上	1	2	3	4	5	6	7
R5	酒店总经理对待酒店产品/服务的创新持积极态度	1	2	3	4	5	6	7
R6	酒店拥有完善的员工培训计划	1	2	3	4	5	6	7
R7	酒店拥有专业化的管理团队	1	2	3	4	5	6	7
R8	酒店利用信息及通讯技术的程度较高	1	2	3	4	5	6	7
R9	在市场竞争中，酒店主要采取差异化竞争战略	1	2	3	4	5	6	7
R10	酒店属于国际性连锁酒店品牌的分支机构	1	2	3	4	5	6	7
R11	酒店营业收入中用于软、硬件设备投入及信息通讯技术更新改造的投入额较高	1	2	3	4	5	6	7

N 酒店外部知识源

请根据贵酒店的实际情况，根据贵酒店与以下外部知识源的联系情况，尽量客观的给各主体的重要性打出一个分值（Likert7 级量表，1 表示不同意，4 表示中立，7 表示完全同意），在右边的得分项上打"√"。

S1	用户或分销商（产业链下游）	1	2	3	4	5	6	7
S2	设备、原材料供应商（产业链上游）	1	2	3	4	5	6	7
S3	酒店业内竞争对手	1	2	3	4	5	6	7
S4	互补性的其他旅游企业（如旅行社、景点等）	1	2	3	4	5	6	7
S5	咨询公司（包括法律、财务、酒店业咨询公司等）	1	2	3	4	5	6	7
S6	大学或其他高等教育机构	1	2	3	4	5	6	7
S7	政府各部门	1	2	3	4	5	6	7
S8	公共研究院（旅游研究院等）	1	2	3	4	5	6	7
S9	专利信息	1	2	3	4	5	6	7
S10	酒店业论坛、学术会议、著作及期刊	1	2	3	4	5	6	7
S11	酒店相关的交易会、博览会	1	2	3	4	5	6	7
S12	酒店行业协会	1	2	3	4	5	6	7
S13	酒店服务标准（酒店星评等）	1	2	3	4	5	6	7
S14	公共规章条例（环境、饮食安全规范与要求）	1	2	3	4	5	6	7

A 酒店吸收能力

请根据贵酒店实际情况，按照本酒店与行业平均水平的对比（同行对比），尽量客观的给各项打出一个分值（Likert7 级量表，1 表示非常不同意，7 表示非常同意），在右边的得分项上打"√"。

A1	酒店能够快速识别出从外部获取的新知识对现有知识的用途	1	2	3	4	5	6	7
A2	酒店能迅速感知市场、行业的变化	1	2	3	4	5	6	7
A3	酒店了解行业内领先的技术、产品或服务的状况	1	2	3	4	5	6	7

A4	酒店能快速有效地获取客户、市场的需求信息	1	2	3	4	5	6	7
A5	酒店设置了专门的机构，对本酒店吸收外部知识的情况进行评估、协调和促进	1	2	3	4	5	6	7
A6	酒店员工知识发送方经常通过正式或非正式渠道交流，以促进知识的有效吸收	1	2	3	4	5	6	7
A7	酒店经常组织跨部门之间定期或不定期地对从外部获取的新知识进行交流，以促进知识吸收	1	2	3	4	5	6	7
A8	酒店能很快地把从外部获取的新知识转化成易为本酒店员工理解的方式	1	2	3	4	5	6	7
A9	酒店形成了高效利用外部知识的程序	1	2	3	4	5	6	7
A10	酒店能很快根据新知识引入相应的酒店产品/服务创新	1	2	3	4	5	6	7
A11	酒店能很快利用所消化的新知识开发新产品或新服务项目	1	2	3	4	5	6	7
A12	酒店有很强的推出新产品/服务并使其商业化的能力	1	2	3	4	5	6	7

P 酒店绩效

请根据贵酒店实际情况，按照本酒店与行业平均水平的对比（同行对比），尽量客观的给各项打出一个分值（Likert7 级量表，1 表示非常不同意，7 表示非常同意），在右边的得分项上打"√"。

P1	酒店销售利润率与主要竞争对手相比水平更高	1	2	3	4	5	6	7
P2	酒店总资产收益率与主要竞争对手相比水平更高	1	2	3	4	5	6	7
P3	酒店市场占有率与主要竞争对手相比水平更高	1	2	3	4	5	6	7
P4	酒店的客户满意度与主要竞争对手相比水平更高	1	2	3	4	5	6	7
P5	酒店销售利润率与主要竞争对手相比较水平更高	1	2	3	4	5	6	7
P6	酒店总资产收益率与主要竞争对手相比水平更高	1	2	3	4	5	6	7
P7	酒店市场占有率与主要竞争对手相比较水平更高	1	2	3	4	5	6	7

所有题项已完成！

再次感谢您的参与和解答！

参考文献

[1] 卞冉，车宏生，阳辉．项目组合在结构方程模型中的应用[J]．心理科学进展，2007，（3）：567～576

[2] 陈维军．文献计量法与内容分析法的比较研究[J]．情报科学，2001，（8）：31～33

[3] 陈艳艳．知识吸收能力对企业技术能力的影响研究[D]．中南大学博士论文，2009

[4] 戴斌．渐入主流的商业体系——2010年中国饭店产业评论[EB/OL]．http://www.ctaweb.org/html/2010-12/2010-12-16-11-31-48778.html，2010-12-16

[5] 方刚．基于资源观的企业网络能力与创新绩效关系研究[D]．浙江大学博士论文，2008

[6] 谷慧敏，李杉，牟晓婷．中国饭店企业社会责任实现机制研究[J]．旅游学刊，2011（4）：56～65

[7] 郭爱芳．企业STI/DUI学习与技术创新绩效关系研究[D]．浙江大学博士论文，2010

[8] 韩振华，任剑峰．社会调查研究中的社会称许性偏见效应[J]．华中科技大学学报，2002（3）：47～50

[9] 侯杰泰，温忠麟，成子娟．结构方程模型及其应用[M]．北京：教育科学出版社，2004，35～40

[10] 黄芳铭．结构方程模型：理论与应用[M]．北京：中国税务出版社，2005：12～15

[11] 李怀祖．管理研究方法论[M]．西安：西安交通大学出版社，2004：31～42

[12] 廖述贤，费吴琛，陈志强．知识吸收能力、知识分享与创新能力关联性研究[C]．台湾：第九届科技整合管理研讨会，2005

[13] 林文宝．技术知识整合，知识能量与组织学习对核心竞争力及创新绩效关联性之研究[D]．台湾国立成功大学博士论文，2001

[14] 蔺雷．服务创新[M]．北京：清华大学出版社，2007：51～53

[15] 刘璐. 企业外部网络对企业绩效影响研究: 基于吸收能力视角[D]. 北京交通大学博士论文, 2009

[16] 刘璐, 杨惠馨. 中国企业吸收能力影响因素与作用的探索性研究[J]. 产业经济评论, 2008 (2): 68~91

[17] 马庆国. 管理统计[M]. 北京: 科学出版社, 2002: 12~14

[18] 马庆国. 管理统计: 数据获取、统计原理、SPSS 工具与应用研究[M]. 北京: 科学出版社, 2002: 21~25

[19] 彭光顺. 网络结构特征对企业创新与绩效的影响研究[D]. 华南理工大学博士论文, 2010

[20] 沈占波, 王伟. 服务创新范式述评及研究新趋势[J]. 技术经济与管理研究, 2009 (6): 88~91

[21] 陶锋. 知识溢出、吸收能力与创新绩效——基于珠三角代工企业的实证研究[D]. 暨南大学博士论文, 2009

[22] 陶厚永, 李燕萍, 骆振心. 山寨模式的形成机理及其对组织创新的启示[J]. 中国软科学 2010 (11): 123~143

[23] 田丹. 装备制造业集成创新的外部技术获取研究[D]. 大连理工大学博士论文, 2008

[24] 王鹏耀. 网络能力对企业绩效影响的研究——基于价值网视角的分析[D]. 北京交通大学博士论文, 2011

[25] 王世权, 牛建波. 利益相关者参与公司治理的途径研究——基于扎根理论的雷士公司控制权之争的案例分析[J]. 科研管理, 2009 (4): 105~114

[26] 王喜庆. 企业资源与竞争优势: 基于浙江民营制造业企业的理论和经验研究[D]. 浙江大学博士论文, 2004

[27] 王志伟. 企业外部知识网络嵌入性对破坏性创新绩效的影响机制研究[D]. 浙江大学博士论文, 2010

[28] 王重鸣. 心理学研究方法[M]. 北京: 人民教育出版社, 1990: 30~41

[29] 韦铁. 多主题参与的服务创新模式管理研究[D]. 电子科技大学博士论文, 2007

[30] 韦影. 企业社会资本对技术创新绩效的影响: 基于吸收能力的视角[D]. 浙江大学博士论文, 2005

[31] 吴波. 开放式创新范式下企业技术创新资源投入研究——基于我国装备制造业企业[D]. 浙江大学博士论文, 2011

[32] 吴晓冰. 集群企业创新网络特征、知识获取及创新绩效关系研究[D]. 浙江大学博士论文, 2009

[33] 谢洪明，韩子天. 组织学习与绩效的关系：创新是中介变量吗？——华南的确企业的实证研究及其启示[J]. 科研管理，2005（5）：1～10

[34] 杨广，李美云，李江帆，苏春. 基于不同视角的服务创新研究述评. 外国经济与管理，2009（7）：9～15

[35] 杨静. 供应链内企业间信任的产生机制及其对合作的影响：基于制造企业的研究[D]. 浙江大学博士论文，2006

[36] 张军. 基于企业生命周期的破坏性创新研究[D]. 山东大学博士论文，2007

[37] Amin, A., & Cohendet, P., 2004, Architectures of knowledge in Firms, Capabilities and Communities. Oxford: Oxford University Press.

[38] Amit, R., & Schoemaker, P. J., 1993, "Strategic assets and organizational rent". *Strategic Management Journal*, 14 (1) : 33-46.

[39] Andersen, B., Howells, J., Hull, R., Miles, I., & Roberts, J., 2000, Knowledge and Innovation in the New Service Economy. Cheltenham: Elgar.

[40] Arora, A., & Gambardella, A., 1994, "Evaluating technological information and utilizing it: scientific knowledge, technological capability, and external linkages in biotechnology". *Journal of Economic Behavior and Organization*, 24 (1) : 91-114.

[41] Arora, A., Fosfuri, A., & Gambardella, A., 2001, Markets for Technology: Economics of Innovation and Corporate Strategy. Cambridge, MA: The MIT Press.

[42] Ateljevic, I., & Doorne, S., 2000, "Staying within the fence-lifestyle entrepreneurship in tourism". *Journal of Sustainable Tourism*, 8 (5) : 378-392.

[43] Bagozzi, R., & Edwards, J., 1998, "A general approach for representing constructs in organizational research". *Organizational Research Methods* (1) : 45-87.

[44] Bagozzi, R., & Yi, Y., 1988, "On the evaluation of structural equation models". *Journal of the Academy of Marketing Science*, 16 (1) : 74-94.

[45] Baker, W., & Sinkula, J., 2005, "Market orientation and the new product paradox". *Journal of Innovation Management*, 22 (6) : 483-502.

[46] Barney, J. , 1991, "Firm Resources and Sustained Competitive Advantage". *Journal of Management*, 17 (1) : 99-120.

[47] Barney, J., 1996, "The resource-based theory of the firm". *Organization Science*, 7 (5) : 469.

[48] Baron, R., & Kenny, D., 1986, "The moderator-Mediator Varialbe Dstinction in Social Psychological Research: Conceptual, Strategic, and Statistical Considerations". *Journal of Personality and Social Psychology*, 51 (6) : 1173-1182.

[49] Barras, R., 1990, "Interactive innovation in financial and business services: the vanguard of the service revolution". *Research Policy*, 19 (3) : 215-237.

[50] Barras, R., 1986, "Towards a theory of innovation in services". *Research Policy*, 15 (4) : 161-173.

[51] Bayus, B., Erickson, G., & Jacobson, R., 2003, "The financial rewards of new product introductions in the personal computer industry". *Management Science*, 49 (2) : 197-210.

[52] Bentler, P. M., 1992, "On the fit of models to covariances and methodology to the Bulletin". *Psychological Bulletin*, 112 : 400-404.

[53] Bergin-Seers, S., Breen, J., & Frew, E., 2008, "The determinants and barriers affecting innovation management in SMTEs in the tourist park sector". *Tourism Recreation Research*, 33 (3) : 245-253.

[54] Bird, B., 1995, "Towards a Theory of Entrepreneurial Competency. Advances in Entrepreneurship". *Firm Emergence and Growth*, 2 : 51-72.

[55] Blake, A., Sinclair, M. T., & Soria, J. A., 2006, "Tourism productivity: Evidence from the United Kingdom". *Annals of Tourism Research*, 33 (4) : 1099-1120.

[56] Boden, M., & Miles, I., 1999, Services and the Knowledge-Based Econnomy. London: Continuum.

[57] Bollen, K. A., 1989, Structural Equations with latent Variables. New York: John Wiley & Sons.

[58] Brendon, P., 1991, Thomas Cook: 150 Years of Popular Tourism. London: Secker & Warburg.

[59] Buhalis, D., & Law, R., 2008, "Progress in information technology and tourism management: 20 years on and 10 years after the internet−the state of the eTourism research". *Tourism Management* 29(4) : 609-623.

[60] Byrne, B. M., 2001, Structural Equation Modeling with AMOS: Basic Concepts, Applications, and Programming. London: Lawrence Erlbaum Associates.

[61] Calantone, R., Cavusgil, S., & Zhao, Y., 2002, "Learning orientation, firm innovation capability, and firm performance". *Industrial Marketing Management*, 31 (6) :515-524.

[62] Calero-Medina, C., & Noyons, C. E., 2008, "Combining Mapping and Citation Network Analysis for a Better Understanding of the Scientific Development: the Case of Absorptive Capacity Field". *Journal of Informetrics*, 2 (4) : 272-279.

[63] Callon, M., Laredo, P., Rabeharisoa, V., & Gonard, T., 1992, "The management and evaluation of technological programs and the dynamics of techno-economic networks: the case of the AFME". *Research Policy*, 21 (3) : 215-236.

[64] Caloghirou, Y., Kastelli, I., & Tsakanika, A., 2004, "Internal capabilities and external knowledge sources: complements or substitutes for innovative performance?". *Technovation*, 24 (1) : 29-39.

[65] Camisón, C., & Forés, B., 2010, "Knowledge absorptive capacity: New insights for its conceptualization and measurement". *Journal of Business Research*, 63 (7) : 707-715 .

[66] Capello, R., 1999, "Spatial transfer of knowledge in high technology Milieux: learning versus collective learning processes". *Regional Studies* : 353-365.

[67] Carlsson, B., Jacobsson, S., Holmen, M., & Rickne, A., 2002, "Innovation systems: analytical and methodological issues". *Research Policy*, 31 (2) : 233-245.

[68] Cassiman, B., & Veugelers, R., 2002, "R&D cooperation and spillovers: Some empirical evidence from Belgium". *American Economic Review*, 92 (4) : 1169-1184.

[69] César, C., & Beatriz, F., 2010, "Knowledge absorptive capacity: new insights for its conceptualization and measurement". *Journal of Business Research*, 63 (7) : 707-715.

[70] Chang, S., Chen-Lung, Y., Hsin-Chia, C., & Chwen, S., 2003, "Manufacturing flexibility and business strategy: an empirical study of small and medium sized firms". *International Journal of Production Economics*, 83 (1) : 13-26.

[71] Churchill, G. A., 1979, "A paradigm for developing better measures of marketing constructs". *Journal of Marketing Research*, 16 (1) : 64-73.

[72] Clydesdale, G., 2007, "Ski development and strategy". *Tourism and Hospitality Planning & Development*, 4 (1) : 1-23.

[73] Cockburn, I., & Henderson, R., 1998, "Absorptive capacity, coauthoring behavior, and the organization of research in drug discovery". 46 (2) : 157-182.

[74] Cohen, W., & Levin, R., 1989, Handbook of industrial organization. Amsterdam: Elsevier B.V.

[75] Cohen, W., & Levinthal, D., 1990, "Absorptive capacity: a new perspective on learning and innovation". *Administrative Science Quarterly*, 35 (1) : 128 152.

[76] Conner, K., 1991, "A historical comparison of resource-based theory and five

schools of thought within industrial organization economics: do we have a new theory of the firm?". *Journal of Management*, 17 : 121-154.

[77] Coriat, B., & Weinstein, O., 2002, "Organizations, firms and institutions in the generation of innovation". *Research Policy*, 31 (2) : 273-290.

[78] Daft, R., 1978, "A dual-core model of organizational innovation". *The Academy of Management Journal*, 21 (2) : 193-210.

[79] Daghfous., 2004, "Absorptive Capacity and the Implementation of Knowledge-Intensive Best Practices". *Advanced Management Journal*, 69 (2) : 21-27.

[80] Damanpour, F., 1991, "Organizational innovation: a meta-analysis of effects of determinants and moderators". *The Academy of Management Journal*, 34 (3) : 555-590.

[81] Damanpour, F., & Evan, W., 1984, "Organizational Innovation and Performance: The Problem of 'Organizational Lag'". *Administrative Science Quarterly*, 29 (3) : 392-409.

[82] Damanpour, F., Walker, R., & Avellaneda, C., 2009, "Combinative effects of innovation types and organizational performance: a longitudinal study of service organizations". *Journal of Management Studies*, 46 (4) : 650-675.

[83] Deeds, D., 2001, "The role of R&D intensity, technical development and absorptive capacity in creating entrepreneurial wealth in high technology start-ups". *Journal of Engineering and Technology Management*, 18 (1) : 29-47.

[84] Del Canto, J. G., & González, I. S., 1999, "A resource-based analysis of the factors determining a firm's R&D activities". *Research Policy*, 28 (8) : 891-905.

[85] Deng, Y., 2008, "The Value of Knowledge Spillovers in the U.S. Semiconductor Industry". *International Journal of Industrial Organization*, 26 (4) : 1044-1058.

[86] Denzin, N. K., & Lincoln, Y. S., 1994, Handbook of qualitative research Thousand Oaks, CA: Sage.

[87] Dierickx, I., & Cool, K., 1989, "Asset Stock Accumulation and Sustainability of Competitive Advantage". *Management Science*, 35 (11) : 1504-1511.

[88] Djellal, F., & Gallouj, F., 2001, "Innovation in services, patterns of innovation organisation in service firms: postal survey results and theoretical models". *Science and Public Policy*, 28 (1) : 11.

[89] Dosi, G., 1988, "Sources, procedures and microeconomic effects of innovation".

Journal of Economic Literature, 26 (3) : 1120-1171.

[90] Dosi, G., 1982, "Technological paradigms and technological trajectories: a suggested interpretation of the determinants and directions of technical change". *Research Policy*, 2 (3) : 147-162.

[91] Drejer, I., 2004, "Identifying innovation in survey of services: a Schumpeterian perspective". *Research Policy*, 33 (3) : 551-562.

[92] Dunn, S., Seaker, R., & Waller, M., 1994, "Latent variables in business logistics research: scale development and validation". *Journal of Business Logistics*, 15 (2) : 145-172.

[93] Dyer, J., & Singh, H., 1998, "The relational view: cooperative strategy and sources of interorganizational competitive advantage". *Academy of Management Review*, 23 (4) : 660-679.

[94] Edquist, C., 1997, Systems of innovation approaches–their emergence and characteristics. Edquist, Systems of Innovation-Technologies, Institutions, and Organizations. London, UK: Pinter Publishers.

[95] Edvardsson, B., Gustafsson, A., Johnson, M., & Sandén, B., 2000, New service development and innovation in the New Economy. Lund: Studentlitteratur.

[96] Eiglier, P., & Langeard, É., 1987, Servuction: le marketing des services. Paris: McGraw-Hill.

[97] Eisenhardt, K., & Martin, J., 2000, "Dynamic capabilities: what are they?". *Strategic Management Journal*, 21 : 1105-1121.

[98] Ellis, R., & Waterton, C., 2005, "Caught between the cartographic and the ethnographic imagination: the whereabouts of amateurs, professionals and nature in knowing biodiversity". *Environment and Planning D,* 23 : 673-693.

[99] Enz, C., & Siguaw, J., 2003, "Innovations in hotel practice". *Cornell Hotels and Restaurant Administration Quarterly*, 44 (4/5) : 115-123.

[100] Escribano, A., Fosfuri, A., & Tribó, J., 2009, "Managing external knowledge flows: The moderating role of absorptive capacity". *Research Policy*, 38 (1) : 96-105.

[101] Fantazy, K. A., Kumar, V., & Kumar, U., 2010, "Supply Management Practices and Performance in the Canadian hospitality industry". *International Journal of Hospitality Management*, 29 (4) : 685-693.

[102] Fantazy, K., Kumar, V., & Kumar, U., 2009, "An empirical study of the relationships among strategy, flexibility, and performance in the supply chain

context". *Supply Chain Management: An International Journal*, 14 (3) : 177-188.

[103] Fantazy, K., Kumar, V., & Kumar, U., 2010, "Supply management practices and performance in the Canadian hospitality industry". *International Journal of Hospitality Management,* 29 (4) : 685-693.

[104] Field, A., 2005, Discovering Statistics Using SPSS (Seconded). London: SAGE Publications Ltd.

[105] Fischer, MM., 2006, "The innovation process and network activities of manufacturing firms". Innovation, Networks and knowledge Spillovers: Selected Essays, 117-133.

[106] Fosfuri, A., Motta, M., & Ronde, T., 2001, "Foreign direct investments and spillovers through workers' mobility". *Journal of International Economics*, 53 (1) : 205-222.

[107] Galende, J., & Fuente, J., 2003, "Internal factors determining a firm's innovative behavior". *Research Policy*, 32 (5) : 715-736.

[108] Gallouj, F., 2002, Innovation in the Service Economy. Cheltenham: Elgar.

[109] Gallouj, F., & Weinstein, O., 1997, "Innovation in services". *Research Policy*, 26 (4-5) : 537-556.

[110] Gans, J., & Stern, S., 2003, "The product market and the market for 'ideas': commercialization strategies for technology entrepreneurs". *Research Policy*, 32 (2) : 333-350.

[111] Gatignon, H., Tushman, M., Smith, W., & Anderson, P., 2002, "A structural approach to assessing innovation: construct development of innovation locus, type, and characteristics". *Management Science*, 48 (9) : 1103-1122.

[112] George, G., Zahra, S., Wheatley, K., & Khan, R., 2001, "The effects of alliance portfolio charateristcs and absorptive capacity on performance: A study of biotechnology firms". *The Journal of High Technology Management Research*, 12 (2) : 205-226.

[113] Geroski, P., Machin, S., & Van Reenen, J., 1993, "The profitability of innovating firms". *The RAND Journal of Economics*, 24 (2) : 198-211.

[114] Gilsing, V. A., & Duysters, G. M., 2008, "Understanding novelty creation in exploration networks—Structural and relational embeddedness jointly considered". *Technovation*, 28 (10) : 693-708.

[115] Grant, R., 1991, "A Resource-based theory of competitive advantage:

implications for strategy formulation". *California Management Review*, 33 (3) : 114-135.

[116] Grant, R., & Baden-Fuller, C., 1995, "A knowledge-based theory of inter-firm collaboration". *Academy of Management Best Paper Proceedings* : 17-21.

[117] GrÖnroos, C., 1990, Service Management and Marketing: Managing the Moments of Truth in Service Competition. Lexington: Lexington Books.

[118] Gunasekaran, A., 2004, "Supply chain management: theory and applications". *European Journal of Operational Research*, 159 (2) : 265-268.

[119] Gupta, A. K., & Govindarajan, V., 1989, "Business Unit Strategy, Managerial Characteristics, and Business Unit Effectiveness at Strategy Implementation". *Academy of Management Journal*, 27 (1) : 25-41.

[120] Gupta, S., & Vajic, M., 2000, The contextual and dialectical nature of experiences. In F. J., & F. M., New service development (pp. 33-51). Thousands Oaks: Sage.

[121] Hair, J. F., Black, W. C., & Anderson, R. E., 2009, Multivariate Data Analysis (7th Edition). Pearson.

[122] Haiyan, K., 2010, Determinants and Outcome of Career Competencies: Perspectives of Hotel Managers in China. Hong Kong: The Hong Kong Polytechnic University.

[123] Håkansson, H., & Ford, D., 2002, "How Should Companies Interact in Business Networks". *Journal of Business Research*, 55 (2) : 133-139.

[124] Hall, C. M., & Williams, A. M., 2008, Tourism and innovation. London: Routledge.

[125] Hancock, M., & Bager, T., 2004, Global Entrepreneurship Monitor. Copenhagen, Denmark: Børsen.

[126] Haro-Domínguez, M., Arias-Aranda, D., & Lioréns-Monte, F., 2007, "The impact of absorptive capacity on technological acquisitions engineering consulting companies". *Technovation*, 27 (8) : 417-425.

[127] Haukness, J., 1998, Services in innovation—innovation in services. SI4S Final Report. Oslo: STEP-Group.

[128] Heany, D., 1983, "Degrees of Product Innovation". *Journal of Business Strategy*, 3 (4) : 3-14.

[129] Hertog, P. D., 2000, "Knowledge-intensive business services as co-producers of innovation". *International Journal of Innovation Management*, 4 (4) : 491-528.

[130] Hipp, & H, G., 2005, Innovation in the service sector: The demand for service-specific innovation measurement concepts and typologies. 34 (4).

[131] Hjalager, A., 2009, "Cultural tourism innovation systems-the Roskilde festival". *Scandinavian Journal of Hospitality and Tourism*, 9 (2/3) : 266-287.

[132] Hjalager, A., 2005, "Innovation in tourism from a welfare state perspective". *Scandinavian Journal of Hospitality & Tourism*, 5 (1) : 46-62.

[133] Hjalager, A., 1997, "Innovation patterns in sustainable tourism-an analytical typology". *Tourism Management*, 18 (1) : 35-41.

[134] Hjalager, A. M., 2002, "Repairing innovation defectiveness in tourism". *Tourism Management*, 23 (5) : 465-474.

[135] Hjalager, A., 2000, "Tourism destinations and the concept of industrial districts". *Tourism and Hospitality Research*, 2 (3) : 199-213.

[136] Hjalager, A.-M., 2010, "A review of innovation research in tourism". *Tourism Managemen* , 31 (1) : 1-12.

[137] Hochschild, A., 1983, The managed heart: Commercialization of the human feeling. Berkeley: Berkeley University Press.

[138] Holmen, E., Pedersen, A. C., & Torvatn, T., 2004, "Building relationships for technological innovation", *Journal of Business Research*, 58 (9) : 1240-1250.

[139] Howelles, J., & Tether, B., 2004, Innovation in Services: Issues at Stake and Trends. University of Manchester.

[140] Howells, J., 2006, Innovation and firm consumption. In J. Sundbo, A. Gallina, G. Serin, & J. Davis, Contemporary Management of Innovation. Basingstoke: Palgrave-Macmillan.

[141] Hu, M., & Groizard, J. L., 2007, "Technology transfer and multinationals: the case of Balearic hotel chains' investments in two developing economies". *Tourism Management*, 28 (4) : 976-992.

[142] Jansen, J., Van den Bosch, F., & Volberda, H., 2006, "Exploratory innovation, exploitative innovation and performance: effects of organizational antecedents and environmental moderators". *Management Science*, 52 (11) : 1661-1674.

[143] Jansen, J., Van den Bosch, F., & Volberda, H., 2005, "Managing potential and realized absorptive capacity: how do organizational antecedents matter". *Academic Management Journal*, 48 (6) : 999-1015.

[144] Ja-Shen, C., Russell, K., & Monica, L., 2002, A Proposed Model of Organizational Absorptive Capacity And CRM Innovation Success. Decision Sciences

Institute 2002 Annual Meeting Proceedings.

[145] Jensen, C., Mattsson, J., & Sundbo, J., 2001, Innovation stendenser i dansk turisme [Innovation tendencies in Danish Tourism]. Centre of Service Studies. Roskilde: Roskilde University.

[146] Jogaratnam, G., & Tse, E. C., 2004, "The Entrepreneurial Approach to hotel operation". *Cornell Hotel and Restaurant Administration Quarterly*, 45 (3) : 248-259.

[147] Jones, E., Keeling, D., Davies, R., Hampson, D., Attwell, G., & Hughes, J., 2003, Developing innovation in tourism and hospitality companies: motivation + organisational culture + knowledge transfer = innovation. In S. Kusluvan, Managing empolyee attitudes and behaviours in the tourism and hospitality industry. Hauppauge: Nova Publishers.

[148] Joreskog, K., 1993, Testing structural equation models (Eds.). In K. Bollen, & J. Long, Testing Structural Equation Models. CA, Newbury Park: Sage.

[149] Kazanjian, R., Drazin, R., & Glynn, M., 2002, Implementing structures for corporate entrepreneurship: a knowledge-based perspective. In M. Hill, D. Ireland, M. Camp, D. Sexton, & editors, Strategic entrepreneurship: creating an integrated mindset. Oxford: Blackwell.

[150] Kira, R., 2004, Absorptive Capacity and Innovation: Evidence from Pharmaceutical and Biotechnology Firms. Haas School of Business.

[151] Kogut, B., & Zander, U., 1992, "Knowledge of the firm, combinative capabilities, and the replication of technology". *Organization Science*, 3 (3) : 383-397.

[152] Kolbe, R., & Burnett, M., 1991, "Content-analysis Research: An Examination of Applications with Directives for Improving Research Reliability and Objectivity". *Journal of Consumer Research*, 18 (9) : 243-250.

[153] Kostopoulosa, K., Papalexandris, A., Papachroni, M., & Ioannoud, G. , 2011, "Absorptive capacity, innovation, and financial performance". *Journal of Business Research*, 64 (12) : 1335-1343.

[154] Lane, P., & Lubatkin, M., 1998, "Relative absorptive capacity and interorganizational learning". *Strategic Management Journal*, 19 (5) : 461-477.

[155] Lane, P., Koka, B., & Pathak, S., 2006, "The reification of absorptive capacity: a critical review and rejuvenation of the construct". *The Academy of Management Review ARCHIVE*, 31 (4) : 883-863.

[156] Lashley, D., & Morrison, A., 2000, Franchising Hospitality Services. Oxford: tterworth-Heinemann.

[157] Le, Y., Hollenhorst, S., Harris, C., McLaughlin, W., & Shook, S., 2006, "Environmental management: a study of Vietnamese hotels". *Annals of Tourism Research*, 33 (2) : 545-567.

[158] Leidner, R., 1993, Fast food, fast talk. Berkeley: University of California Press.

[159] Leiper, N., 1990, Tourism Systems–an interdisciplinary perspective. Occasional Papers. Palmerston North, New Zealand: Business Studies Faculty.

[160] Liao, J., Welsch, H., & Stoica, M., 2003, "Organizational Absorptive Capacity and Responsiveness: An Empirical Investigation of Growth-Oriented SMEs". *Entrepreneurship Theory and Practice*, 28 (1) : 63-85.

[161] Liburd, J., 2005, "Sustainable tourism and innovation in the mobile tourism services". *Tourism Review International*, 9 (1) : 107-118.

[162] Love, J., 1986, McDonald's: Behind the Arches. New York: Bantam Books.

[163] Lundvall, B., 1992, National systems of innovation: towards a theory of innovation and interactive learning. London: Printer Publishers.

[164] Luo, Y., 1997, "Partner selection and venturing success: the case of joint ventures with firms in the People's Republic of China". *Organization Science*, 8 (6) : 648-662.

[165] MacCallum, R. C., Browne, M. W., & Sugawara, H. M., 1996, "Power analysis and determinantion of sample size for covariance structure modeling". *Psychological Methods*, 1 : 130-149.

[166] Mahoney, J., & Pandiam, J. R., 1992, "The resource-based view within the conversation of strategic management". *Strategic Management Journal*, 13 : 363-380.

[167] Makadok, R., 2001, "Toward a synthesis of the resource-based and dynamic-capability views of rent creation". *Strategic Management*, 22 (5) : 387-401.

[168] Malerba, F.,2002, "Sectoral systems of innovation and production". *Research Policy*, 31 : 247-264.

[169] Man, T., 2006, "Exploring the Behavioral Patterns of Enirepreneurial Learning: A Competency Approach". *Education and Training*, 48 (5) : 309-321.

[170] Man, T. W., 2001, Entrepreneurial Competencies and the Performance of Small and Medium Enterprises in the Hong Kong Services Sector. Doctor

Paper, From Department of Management of the Hong Kong Polytechnic University.

[171] Marina, N., Birte, S., & Trisha, S., 2006, "Networks, clusters and innovation in tourism: A UK experience". 27 (6) : 1141-1152.

[172] Marta, J., Joaquín, T., Eugeni, A., Alfonso, B., & Juan, M., 2003, "Innovation in the tourism sector: results from a pilot study in the Balearic Islands". *Tourism Economics*, 9 (3) : 279-295.

[173] Martin, L. M., 2004, "E-innovation: internet impacts on small UK hospitality firms". *International Journal of Contemporary Hospitality Management*, 16 (2) : 82-90.

[174] Maskell, P., & Malmberg, A., 1999, "Localised learning and industrial competitiveness". *Cambridge Journal of Economics*, 23 (2) : 167-185.

[175] Mattsson, J., Jensen, C., & Sundbo, J., 2006, "Innovation systems in tourism: the role of the attractors and scene-takers". *Industry and Innovation*, 12 (3) : 357-381.

[176] Metcalfe, S., & Miles, I., 2000, Innovation Systems in the Service Economy. Kluwer: Norwell Mass.

[177] Michael, O., Vivienne, S., & Andrew, L., 2005, "An investigation of the factors affecting innovation performance in chain and independent hotels". *Journal of quality assurance in hospitality & tourism*, 6 (3/4) : 113-128.

[178] Miles, I., 2003, Innovation Management in the Knowledge Economy. London: Imperial College Press.

[179] Miles, I., 1993, "Services in the new industrial economy". *Futures*, 25 (6) : 653-672.

[180] Milne, S., & Ateljevic, I., 2001, "Tourism, Economic Development and the Global–Local Nexus: Theory Embracing Complexity in Tourism Geographies". *Tourism Geographies*, 3 (4) : 369-393.

[181] Miozzo, M., & Soete, L., 2001, "Internationalization of services. A technological perspective". *Technological Forecasting and Social Change*, 67 (7) : 159-185.

[182] Morais, D., & Williams, A., 2004, "Can tourism providers buy their customers' loyalty?", *Journal of Travel Research*, 42 (3) : 235-243.

[183] Morgan, R., & Berthon, P., 2008, "Market orientation, generative learning, innovation strategy and business performance inter - relationships in bioscience firms". *Journal of Management Study*, 45 (8) : 1329-1353.

[184] Morrison, A., Rimmington, M., & Williams, C., 1999, Tourism and Leisure Industries. Oxford: ButterworthHeinemann.

[185] Mowery, D., & Oxley, J., 1995, "Inward technology transfer and competitiveness: the role of national innovation systems". *Cambridge Journal of Economics*, 19 (1) : 67-94.

[186] Nath, P., Nachiappan, S., & Ramanathan, R., 2010, "The impact of marketing capability, operations capability and diversification strategy on   performance: A resource-based view". *Industrial Marketing Management*, 39 (2) : 317-329.

[187] Nelson, R., 1993, National Innovation Systems. Oxford: Oxford University Press.

[188] Nelson, R., & Winter, S., 1982, An evolutionary theory of economic change. Cambridge: Harvard University Press.

[189] Nieto, M., & Quevedo, P., 2005, "Absorptive capacity, technological opportunity, knowledge spillovers, and innovative effort". *Technovation*, 25 (10): 1141-1157.

[190] Nonaka, I., 1994, "A dynamic theory of organizational knowledge creation". *Organization Science*, 5 (1) : 14-37.

[191] Novelli, M., Schmitz, B., & Spencer, T., 2006, "Networks, clusters and innovation in tourism: a UK experience". *Tourism Management*, 27 (6) : 1141-1152.

[192] Nunnally, J., 1978, Psychometric Theory. New York: McGraw-Hill.

[193] OECD., 2006, Innovation and Knowledge-Intensive Service Activities (the 3nd Edition). Paris: OECD.

[194] OECD., 1992, OECD proposed guidelines for collecting and interpreting technological innovation data (Oslo Manual). Paris.

[195] OECD., 1997, Proposed guidlines for collecting and interpreting technological innovation. Paris: OSLO.

[196] Oinas, P., & Malecki, E. J., 1999, Spatial innovation systems. In E. Malecki, & P. Oinas, Making Connections. Ashgate, UK: Aldershot.

[197] Orfila-Sintes, F., & Mattsson, J., 2009, "Innovation behavior in the hotel industry". *Omega*, 37 (2) : 380-394.

[198] Orfila-Sintes, F., Crespí-Cladera, R., & Martínez-Ro, E., 2005, "Innovation activity in the hotel industry: evidence from Balearic Islands". *Tourism Management*, 26 (6) : 851-865.

[199] Ottenbacher, M., & Gnoth, J., 2005, "How to develop successful hospitality

innovation". *Cornell Hotels and Restaurant Administration Quarterly*, 46 (2) :
205-222.

[200] Paget, E., Dimanche, F., & Mounet, J., 2010, "A tourism innovation case: an actor-network approach". *Annals of Tourism Research*, 37(3) : 828-847.

[201] Pavitt, K., 1984, "Sectoral patterns of technical change: towards a taxonomy and a theory". *Research Policy*, 16 (6) : 343-373.

[202] Penrose, E., 1959, The theory of growth of the firm. New York, NY: Wiley.

[203] Peteraf, M., 1993, "The cornerstones of competitive advantage: A resource-based view". *Strategic Management Journal*, 14(3) : 179-191.

[204] Philips, P., 1999, "Hotel performance and competitive advantage: a contingency approach". *Journal of Contemporary Hospitality Management*, 11 (7) : 359-365.

[205] Pikkemaat, B., 2008, "Innovation in small and medium-sized tourism enterprises in Tyrol, Austria". *Entrepreneurship and Innovation*, 9 (3) : 187-197.

[206] Pikkemaat, B., 2007, "Innovation through cooperation in destinations: first results of empirical study in Austria". *Anatolia: An international Journal of tourism and hospitality research*, 18 (1) : 67-83.

[207] Pikkemaat, B., & Peters, M., 2005, "Towards the measurement of innovation-a pilot study in the small and medium sized hotel industry". *Journal of quality assurance in hospitality & tourism*, 6 (3/4) : 89-112.

[208] Poon, A., 1993, Tourism, Technology and Competitive Strategies. Wallingford, UK: CAB International.

[209] Porter, M., 1985, Competitive advantage: creating and sustaining superior performance. New York, NY: Free Press.

[210] Porter, M., 1980, Competitive strategy: technique for analyzing industries and competitors. New York, NY: Free Press.

[211] Powell, W., Koput, K., & Smith-Doerr, L., 1996, "Interorganizational Collaboration and the Locus of Innovation: Networks of Learning in Biotechnology". *Administrative Science Quarterly*, 41 (1) : 116-145.

[212] Prahalad, C., & Hamel, G., 1994, "Strategy as a field of study: Why search for a new paradigm?". *Strategic Management Journal*, 15 (Supplement S2) : 5-16.

[213] Prahalad, C., & Hamel, G., 1990, The core competence of the corporation. *Harvard Business Review*, 68 (3) : 79-91.

[214] Prajogo, D., & Ahmed, P., 2006, "Relationships between innovation stimulus, innovation capacity, and innovation performance". *R&D Management*, 36 (5) :

499-515.

[215] Preissl, B., 1997, Service innovation in Germany, SI4S report no.3. Berlin: DIW.

[216] Richard, C. Y., William, L., Esther, P. T., & Antonio, K. L., 2011, "Analysis of sources of innovation, technological innovation capabilities, and performance: An empirical study of Hong Kong manufacturing industries". *Research Policy*, 40 (3) : 391-402.

[217] Rigby, D., & Zook, C., 2002, "Open-market innovation". *Harvard Business Review*, 37(2) : 21-57.

[218] Ritzer, G., 2008, The McDonaldization of Society 5. Thousand Oaks: Pine Forge Press.

[219] Roberts, P., & Amit, R., 2003, "The dynamics of innovative activity and competitive advantage: the case of Australian retail banking, 1981 to 1995". *Organization Science*, 14 (2) : 107-122.

[220] Rogers, S., 2007, "Innovation in food service technology and its strategic role". *International Journal of Hospitality Management*, 26 (4) : 899-912.

[221] Romijn, H., & Albaladejo, M., 2002, "Determinants of innovation capability in small electronics and software firms in southeast England". *Research Policy*, 31 (7) : 1053-1067.

[222] Rønningen, M., 2010, "Innovation in the Norwegian Rural Tourism Industry: Results from a Norwegian Survey". *The Open Social Science Journal*, 3 : 15-29.

[223] Rosenberg, N., 1982, Inside the black box. In: Technology and Economics. Cambridge, MA: Cambridge University Press.

[224] Rowley, T., Behrens, D., & Krackhardt, D., 2000, "Redundant governance structures: an analysis of structural and relational embeddedness". *Strategic Management Journal*, 21 : 369-386.

[225] Rumelt, R., 1984, "Towards a strategic theory of the firm". *Competitive Strategic Management*, 26 : 556-570.

[226] Russo, M., & Fouts, P., 1997, "A Resource-Based Perspective on Corporate Environmental Performance and Profitability". *The Academy of Management Journal*, 40 (3) : 534-559.

[227] Saxenian, A., 1994, Regional Advantage: Culture and Competition in Silicon Valley and Route 128. Cambridge, MA: Harvard University Press.

[228] Schilling, M., 1998, "Technological Lockout: An Integrative Model of the Economic and Strategic Factors Driving Thechnoloy Success and Failure". *Academy of Management Review*, 23 (2) : 267-284.

[229] Schmookler, J., 1966, Invention and Economic Growth. Cambridge: Harvard University Press.

[230] Schoemaker, P., 1990, "Strategy, complexity and economic rent". *Management Science*, 36 : 1178-1192.

[231] Schumpeter, J., 1934, The Theory of Economic Development: An Inquiry into Profits, Capital, Credit, Interest and the Business Cycle. Cambridge: Harvard University Press.

[232] Shaw, G., & Williams, A., 1994, Critical Issues in Tourism. A Geographical Perspective. Blackwell, UK: Oxford.

[233] Shaw, G., & Williams, A., 2009, "Knowledge transfer and management in tourism organisations: an emerging research agenda". *Tourism Management*, 30 (3) : 325-335.

[234] Sheller, M., & Urry, J., 2006, "The new mobilities paradigm". *Environment and Planning A*, 38 (1) : 207-226.

[235] Shenkar, O., Aranya, N., & Almor, T., 1995, "Construct dimensions in the contingency model: an analysis comparing metric and non-metric multivariate instruments". *Human Relations*, 48 (5) : 559-580.

[236] Siguaw, J. A., Enz, C. A., & Namasivayam, K., 2000, "Adoption of information technology in U.S. hotels: strategically driven objectives". *Journal of Travel Research*, 39 : 192-201.

[237] Sørensen, F., 2004, Tourism Experience Innovation Networks. Department of Social Sciences. Roskilde: University of Roskilde.

[238] Srinivasan, S., Pauwels, K., Silva-Risso, J., & Hanssens, D., 2009, "Product innovations, advertising, and stock returns". *Journal of Marketing*, 73 : 24-43.

[239] Stamboulis, Y., & Skayannis, P., 2003, "Innovation strategies and technology for experience-based tourism". *Tourism Management*, 24 (1) : 35-43.

[240] Steensma, H., & Lyles, M., 2000, "Explaining IJV survival in a transitional economy through social exchange and knowledge-based perspectives". *Strategic Management Journal*, 21 (8) : 831-851.

[241] Steiger, J. H., 1990, "Structural Model Evaluation and Modification: An Interval Estimation Approach". *Multivariate Behavioral Research*, 25 (2) :

173-180.

[242] Strauss, A., & Corbin, J., 1998, Basic of Qualitative Research: Grounded Theory Precedures and Techniques. Newbury Park, CA: Sage.

[243] Sundbo, J., 1997, "Management of Innovation in Services". *The Service Industdes Joumal*, 17 (3) : 432-455.

[244] Sundbo, J., 1998, The Organisation of Innovation in Services. Copenhagen: Roskilde University Press.

[245] Sundbo, J., 2001, The Strategic Management of Innovation. Cheltenham: Elgar.

[246] Sundbo, J., & Gallouj, F., 2000, "Innovation as a loosely coupled system in services". *International Journal of Service Technologies and Management*, 1 (1), P 15-36.

[247] Sundbo, J., Orfila-Sintes, F., & Sørensen, F., 2007, "The innovative behaviour of tourism firms – comparative studies of Denmark and Spain". *Research Policy*, 36 (1) : 88-106.

[248] Szulanski, G., 1996, "Exploring internal stickiness: impediments to the transfer of best practice within the firm". *Strategic Management Journal*, 17 (Special Issue) : 27-43.

[249] Tavitiyaman, P., Qu, H., & Zhang, H., 2011, "The impact of industry force factors on resource competitive strategies and hotel". *International Journal of Hospitality Management*, 30 (3) : 648-657.

[250] Teece, D., 1987, "Book reviews: International technology transfer: concepts, measures and comparisons". *Journal of Economic Literature*, 25 (1) :160-161.

[251] Teece, D., Pisano, G., & Shuen, A., 1997, "Dynamic capabilities and strategic management". *Strategic Management Jornal*, 18(7) : 509-533.

[252] Todorova, G., & Durisin, B., 2007, "Absorptive Capacity: Valuing a Reconceptualization". *The Academy of Management Review*, 32 (3) : 774-786.

[253] Tremblay, P., 1998, "The Economic Organization of Tourism in Annals of Tourism Research". *Elsevier Science* : 837-859.

[254] Tsai, W., 2001, "Knowledge Transfer in Intraorganizational Networks: Effects of Network Position and Absorptive Capacity on Business Unit Innovation and Performance". *The Academy of Management Journal*, 44 (5) : 996-1004.

[255] Tu, Q., Vonderembse, M., Ragu-Nathan, T., & Sharkey, T., 2006, "Absorptive capacity: Enhancing the assimilation of time-based manufacturing practices".

Journal of Operations Management, 24 (5) : 692-710.

[256] Ulrich, W., 1988, "System thinking, system practice, and practical philosophy: A program of research". *System Practice*, 1 (2) : 137-163.

[257] Vadell, J. B., & Orfila-Sintes, F., 2008, "Internet innovation for external relations in the Balearic hotel industry". *Journal of Business & Industrial Marketing*, 23 (1) : 70-80.

[258] Van den Bosch, F., Volberda, H. W., & De Boer, M., 1999, "Coevolution of Firm Absorptive Capacity and Knowledge Environment: Organizational Forms and Combinative Capabilities". *Organization Science*, 10 (5) : 551-568.

[259] Van den, B. F., Van Wijk, R., & Volberda, H., 2003, Absorptive capacity: antecedents, models and outcomes. In M. Easterby-Smith, & M. Lyles, The Blackwell handbook of organizational learning and knowledge management. Malden: Blackwell.

[260] Verspagen, B., 2005, Innovation and Economic Growth. In J. Fagerberg, D. C. Mowery, R. R. Nelson, & (Eds), The Oxford handbook of innovation (pp. 487-513). Oxford: Oxford University Press.

[261] Volo, S., 2005, "A consumer based measurement of tourism innovation". *Journal of Quality Assurance in Hospitality & Tourism*, 6 (3/4) : 73-87.

[262] Von, H. E., 1988, The sources of innovation. New York: Oxford University Press.

[263] Voss, C. A., Johnston, R., Silvestro, R., Fitzgerald, L., & Brignall, T. J. , 1992, "Measurement of innovation and design performance in services", 3 (1) : 40-46.

[264] Walker, R., 2004, Innovation and organizational performance: evidence and a research agenda. Advanced Institute of Management Research Working Paper Series, 002, June. London.

[265] Walsh, K., Enz, C. A., & Siguaw, J., 2003, Management employee attitudes and behaviours in the tourism and hospitality industry. Hauppauge: Nova Publishers.

[266] Wang, C. L., & Ahmed, P. K., 2007, "Dynamic capabilities: A review and research agenda". *International Management*, 9 (1) : 31-51.

[267] Wang, J., 2009, Organizational citizenship behavior within the contxt of international Five-Star hotels in the People's Republic of China. PhD Thesis. Hong Kong: The Hong Kong Polytechnic University.

[268] Weiermair, K., 2004, Product improvement or innovation: what is the key to

success in tourism. OECD Conference on Innovation & Growth in Tourism.

[269] Weiermair, K., 2004, Product improvement or innovation: what is the key to success in tourism? OECD.

[270] Weiermair, K., 2005, "Prospects for innovation in tourism: analyzing the innovation potential throughout the tourism value chain". *Journal of Quality Assurance in Hospitality & Tourism*, 6 (3/4) : 59-72.

[271] Wernerfelt, B., 1984, "A resource-based view of the firm". *Strategic Management Journal*, 5 (2) : 171-180.

[272] Weth, A., 2007, Managing Innovations and Creativity–How Disney Keeps Ideas Coming. München: Grin Verlag.

[273] Wu, S., & Hung, J., 2007, "The performance measurement of cause-related marketing by balance scorecard". *Total Quality Management & Business Excellence Journal*, 18 (7) : 771-791.

[274] Yam, R., Lo, W., Tang, E., & Law, A., 2011, "Analysis of sources of innovation, technological innovation capabilities, and performance: An empirical study of Hong Kong manufacturing industries". *Research Policy*, 40 (3) : 391-402.

[275] Yamin, S., Gunasekaran, A., & Mavondo, F., 1999, "Innovation index and its implications on organisational performance: a study of Australian manufacturing companies". *International Journal of Technology Management*, 17 (5) : 495-503.

[276] Yiche, G. C., Zi-Hui, C., Jonathan, C. H., & Chung-Shing, L., 2009, "In-depth tourism's influences on service innovation". *International Journal of Culture*, 3 (4) : 326-336.

[277] Yli-Renko, H., Autio, E., & Sapienza, H., 2001, "Social capital, knowledge acquisition, and knowledge exploitation in young technology-based firms". *Strategic Management Journal*, 22 (6-7) : 587-613.

[278] Young, N., Shin, S., & Yang, I. S., 2007, "A Grounded Theory Approach to Understanding the Website Experiences of Restaurant Customers". *Journal of Foodservice Business Research*, 10 (1).

[279] Zahra, S. A., & George, G., 2002, "Absorptive Capacity: A Review, Reconceptualization and Extension". The Academy of Management Review, 27 (2) : 185-203.

后　记

　　十年磨一剑。经过本科、硕士、博士整整十年的磨砺和积累，博士论文终于落下最后一笔。致谢早已在心中百转千回，终于盼到执笔这一刻，用以见证这一路的成长与感恩。

　　我要由衷地感谢恩师宋海岩教授。博士在读三年期间，宋老师不仅在学术上对我悉心指导，也在生活中对我关怀备至。宋老师严谨的治学态度、渊博的专业知识、博大宽容的胸怀深深地影响和激励着我。尤其感谢老师无私地为我提供了在香港理工大学酒店及旅游业管理学院学习两年的机会，在香港的两年学习经历让我接触到了国际领先的旅游研究方法、与国际接轨的研究规范、国际化的旅游研究思维，这些将使我受益终身。也正是老师的慷慨帮助与支持，让我在平日的学习科研上不敢有丝毫懈怠，真心地希望能够通过自己的努力和成长来回报老师。宋老师的教导不仅使我收获了扎实的学术知识，更使我领悟了精益严谨的治学态度和诚恳宽容的做人道理，在此对宋老师深表感谢。

　　感谢谢彦君教授在学术领域给予我的诸多指导和启迪，感谢硕士导师李仲广老师一直以来对我的严格要求和孜孜教导，是您们为我打开了旅游学术研究的大门，培养了我的学术素养和信心，也正是在您们学术精神的熏陶下才让我在科研的道路上一直坚定地前行。

　　感谢卢昌崇教授、孙喜林副教授、孟庆杰副教授等老师对我科研上的帮助和指导；感谢东北财经大学的吴凯、王敏、周广鹏、李拉扬、余志远、刁志波、王苗、张宏胜等同学，你们让我一直感受到大家庭的温暖；感谢南开大学的吕兴洋同学在我博士论文写作过程中给予的真诚帮助和全力支持；感谢香港理工大学酒店与旅游管理学院的陈勇博士、高梓轩、林珊珊、彭博、陈（Rose Chen）、罗伯特（Robert Van der Veen）、张晓玥、徐翠东、陈乐乐等好友对我的帮助和照顾，是你们陪我度过了在香港难忘的美好时光；感谢中山大学的吴晨光博士、英国萨里大学的李刚博士、陈立博士、曹正博士研究生等对我博士论文和日常科研的帮助与指导；感谢许蓓蓓、杨春艳、王苗、张宏胜等好友及家人在我收集数据时给予的帮助和支持。

　　感谢师母宋白晶女士对我在香港学习期间的悉心照顾，是您犹如慈母般地关心让我在香港的生活备感温暖和贴心；感谢褚霞老师对我学习、生活上贴心的关怀，您的不断鼓励让我能更加从容地面对求学生涯的艰辛。

　　感谢我的亲人们对我这么多年求学路上付出的一切；感谢我生命中最重要的妈妈，是您忘我的奉献和对我严格的教育才有了今天的我，军功章有我的一半，也有您的一半！每当想起妈妈为我所付出的一切，就会热泪盈眶，有说不出的感动。感慨万千，下笔却寥寥数语，但愿我的努力和小小成绩，能对得起您的付出。

宋慧林

2012 年 2 月 28 日

香港理工大学酒店及旅游业管理学院